**Wer
nicht genießt,
wird ungenießbar.**

Konstantin Wecker

Inhalt

Rezeptinfos

5 SmartPoints Wert — SmartPoints Wert und zusätzlich kcal/kJ pro Person/Stück

VIDEO — Film ab! Entdeckst du dieses Symbol an einem Rezept, gibt es dazu ein Kochvideo. Einfach den QR-Code auf dieser Seite scannen. Zu welchen Rezepten es Videos gibt, siehst du übersichtlich im Register auf Seite 162.

Fertig in:
Hier sind alle Vorbereitungsschritte, Marinier-, Gar- und Backzeiten eingerechnet.

Davon aktiv:
Diese Zeitangabe sagt dir, wie lange du wirklich mit Schnippeln und Rühren beschäftigt bist.

QR-Code scannen und Einkaufslisten und Kochvideos entdecken.

Tschüss Kilos, hallo
Wunschgewicht
Pia -16 kg
Genießen und dabei abnehmen? Kein Problem.
✔ Mehr als 8.000 Rezepte – im Treffen, online und in der App
✔ Praktische Mahlzeitenpläne und Einkaufslisten für jeden Geschmack
✔ Eine Extraportion Motivation von deinem Coach
✔ Eine starke Community, die dich auf deinem Weg unterstützt
✔ 8x mehr abnehmen als allein*

Morgens
Snack
Mittags
Abends

Einfach flexibel

Im Alltag müssen wir Familie, Freunde, Job, Hobbies und eine gesunde Ernährung unter einen Hut bringen. Das ist nicht immer leicht, denn oft bleibt für gesundes Kochen nur wenig Zeit. Mit diesen **einfachen**, **leckeren** und **schnellen Gerichten** meisterst du deinen Alltag – und sie unterstützen dich bei einer gesunden Ernährung und deiner Abnahme.

Give me five ...

Lecker und abwechslungsreich zu kochen mit nur **5 Hauptzutaten** ist ganz einfach und spart auch noch viel Zeit. Die Zutaten, die du dafür benötigst und einkaufen musst, haben wir für dich markiert. Den Rest solltest du als Basisvorrat zu Hause haben, wie Salz, Pfeffer, andere Gewürze, Gemüsebrühe, Essig und Öl.

Die richtige Lagerung

Deine Basiszutaten solltest du kühl, trocken und dunkel verstauen. Denn die richtige Lagerung von Lebensmitteln hat großen Einfluss auf die Haltbarkeit und die Qualität eines Produkts. Auf den Verpackungen findest du oft Angaben zur richtigen Lagerung. Beachtest du diese, so kann das Mindesthaltbarkeitsdatum erreicht oder sogar überdauert werden. Du solltest schon beim Einkauf darauf achten, wie lange welche Lebensmittel haltbar sind, um keine Lebensmittel zu verschwenden. **Obst und Gemüse sollten nicht zusammen gelagert werden,** da Gase aus dem Obst austreten und das Gemüse schneller reifen lassen.

Im Kühlschrank gibt es verschiedene Temperaturzonen, die du bei der Lagerung von Lebensmitteln beachten solltest. Gemüse gehört ins Gemüsefach. Darüber befindet sich die kälteste Stelle im Kühlschrank und eignet sich perfekt für Fisch und Fleisch. Im mittleren Fach solltest du Milchprodukte wie Käse und Joghurt lagern. Im oberen Fach und in der Tür kannst du zubereitete Speisen oder Lebensmittel wie Eier verstauen.

Be *smart*

Infos

Clever einkaufen

Um Zeit zu sparen, kannst du deinen **Einkauf planen**. Oft macht es Sinn, einen monatlichen Großeinkauf zu machen und Trockenprodukte zu kaufen. Wöchentlich solltest du dann frische Lebensmittel wie Obst, Gemüse, Milch und Eier besorgen. Fisch und Fleisch kaufst du am besten erst am Tag der Zubereitung, da diese leicht verderblich sind.

Vor dem Einkauf ist es ratsam, in die Schränke zu schauen und zu überprüfen, was noch vorhanden ist. Und wenn du dir einen Einkaufszettel anfertigst, gehst du sicher, dass du beim Einkaufen nichts vergisst und auch nicht zu viel kaufst. **Ganz wichtig ist natürlich, nicht hungrig einkaufen zu gehen.** Iss lieber eine Kleinigkeit, bevor du losgehst – etwa eine Banane. So verhinderst du, dass du zu viel und ungesunde Lebensmittel einkaufst.

Praktische TK-Produkte

Tiefkühlprodukte haben einen schlechteren Ruf, als sie verdienen. So wird TK-Gemüse frisch nach der Ernte blanchiert und schockgefrostet. **Dadurch bleiben wichtige Vitamine und Nährstoffe erhalten.** Die Portionen bestimmst du selbst. Brauchst du nicht alles, lässt du einen Teil eingefroren. So kann nichts schlecht werden und du musst nichts wegwerfen. Hast du mal zu viel frischen Blumenkohl oder Broccoli gekauft, kannst du diesen natürlich ganz einfach einfrieren.

Tricks, um Zeit zu sparen

Tiefkühlgemüse spart oft eine Menge Zeit. Auch Produkte wie Fisch, Fleisch, vorgeschnippeltes Gemüse etc. sind praktisch. Damit kannst du Arbeitsschritte und Zeit sparen, falls es mal schnell gehen muss. Kartoffeln kannst du in der Mikrowelle garen oder schon morgens vorkochen.

Und wenn du dein Lieblingsgericht zubereitest: **Koche am besten eine Portion mehr,** dann hast du direkt etwas fürs Mittagessen im Büro am nächsten Tag.

Maximal 5 Zutaten

Steak
mit Gemüsestampf

8 SmartPoints Wert

Für 1 Person
Fertig in: 35 Min.
Davon aktiv: 20 Min.
447 kcal | 1870 kJ

200 g mehligkochende Kartoffeln
2 Karotten
100 g Broccoli
Salz, Pfeffer
1 Rindersteak (150 g)
1 TL Rapsöl
2 EL entrahmte Milch
2 TL Schnittlauchringe (TK)

1. Kartoffeln mit Karotten schälen und würfeln. Broccoli waschen und in kleine Röschen teilen. Kartoffel- und Karottenwürfel in Salzwasser ca. 20 Minuten garen. Broccoli 5–8 Minuten in Salzwasser garen.

2. Steak trocken tupfen. Öl in einer Pfanne auf hoher Stufe erhitzen, Steak darin 3–4 Minuten von jeder Seite braten und mit Salz und Pfeffer würzen. Kartoffel- und Karottenwürfel abgießen und mit Milch grob zerstampfen.

3. Broccoliröschen abgießen, unter den Stampf rühren, mit Salz und Pfeffer abschmecken und mit Schnittlauch verfeinern. Steak mit Gemüsestampf servieren.

Rahmpilzpfanne
mit Schnitzelstreifen

11 SmartPoints Wert

Für 2 Personen
Fertig in: 40 Min.
Davon aktiv: 25 Min.
To Go
535 kcal | 2236 kJ

80 g trockene Wildreismischung
Salz, Pfeffer
2 Zwiebeln
500 g braune Champignons
400 g Schweineschnitzel
3 TL Rapsöl
200 ml Gemüsebrühe (1 TL Instantpulver)
3 EL Crème légère
2 TL getrocknete Petersilie

1. Reis nach Packungsanweisung in Salzwasser garen. Zwiebeln schälen und würfeln. Champignons trocken abreiben und in Scheiben schneiden. Schnitzel trocken tupfen und in Streifen schneiden. Öl in einer Pfanne auf mittlerer bis hoher Stufe erhitzen, Schnitzelstreifen darin 3–4 Minuten rundherum braten, mit Salz und Pfeffer würzen und herausnehmen.

2. Zwiebelwürfel im Bratensatz auf mittlerer Stufe ca. 3 Minuten anbraten, Champignonscheiben zugeben, weitere 3–4 Minuten mitbraten und mit Salz und Pfeffer würzen. Mit Brühe ablöschen, aufkochen und Crème légère unterrühren.

3. Schnitzelstreifen zur Sauce geben und ca. 5 Minuten garen. Rahmpilzpfanne mit Petersilie verfeinern, mit Salz und Pfeffer abschmecken und mit Reis servieren.

Gut zu wissen:

Verwende für ein besonderes Aroma 2 TL gehackten Estragon.

Marinierter Lachs

auf Asia-Gemüse

Für 2 Personen
Fertig in: 30 Min.
Davon aktiv: 20 Min.
Schnell | Low Carb
423 kcal | 1769 kJ

1 SmartPoints Wert

1/2 Orange
1 Stück Ingwer (ca. 1 cm)
4 EL Sojasauce
Salz, Pfeffer
2 Lachsfilets (à 125 g)
1 TL Rapsöl
500 g Asia-Gemüse (TK)

1. Orangenhälfte auspressen. Ingwer schälen und reiben. Für die Marinade Orangensaft mit Ingwer, 2 EL Sojasauce und Pfeffer verrühren. Lachs abspülen, trocken tupfen, mit Marinade bestreichen und ca. 10 Minuten ziehen lassen.

2. Lachsfilets abtropfen lassen und Marinade dabei auffangen. Öl in einer Pfanne auf mittlerer bis hoher Stufe erhitzen, Lachsfilets darin 3–4 Minuten von jeder Seite braten, mit Marinade ablöschen und herausnehmen.

3. Asia-Gemüse im Bratensatz ca. 5 Minuten braten, mit Salz und Pfeffer würzen und mit restlicher Sojasauce abschmecken. Lachsfilets auf das Gemüse geben und mit Deckel kurz erwärmen. Lachs auf Asia-Gemüse servieren.

Jetzt NEU:
Fisch hat als eiweißreiches und gesundes Lebensmittel nun 0 SmartPoints. Das heißt, du kannst so viel Fisch essen, bis du satt bist.

Kartoffelpfanne

mit Schinken und Ei

4 SmartPoints Wert

Für 2 Personen
Fertig in: 25 Min.
Davon aktiv: 10 Min.
Familie | Schnell
273 kcal | 1141 kJ

300 g festkochende Kartoffeln
1 TL Rapsöl
Salz, Pfeffer
3 EL Wasser
75 g gekochter Schinken
150 g braune Champignons
2 Eier (Größe M)

1. Kartoffeln schälen und in 2 cm große Würfel schneiden. Öl in einer Pfanne auf hoher Stufe erhitzen und Kartoffelwürfel darin 3–4 Minuten anbraten. Mit Salz und Pfeffer würzen, Wasser dazugeben und auf niedriger Stufe mit Deckel unter gelegentlichem Rühren ca. 5 Minuten garen.

2. Schinken in Streifen schneiden, unter die Kartoffelwürfel rühren und auf mittlerer Stufe ca. 2 Minuten garen. Pilze trocken abreiben, in dünne Scheiben schneiden und 2–3 Minuten mitbraten.

3. Kartoffeln an 2 Stellen etwas beiseiteschieben und in jede Mulde ein Ei schlagen. Mit Deckel ca. 2 Minuten stocken lassen, bis die Eier nach Wunsch gar sind. Kartoffelpfanne servieren.

Asia-Gurkensalat

mit Erdnüssen

3 SmartPoints Wert

Für 2 Personen
Fertig in: 15 Min.
Davon aktiv: 15 Min.
Vegetarisch | Schnell
116 kcal | 487 kJ

1 EL Erdnüsse
1 Salatgurke
1 kleine rote Chilischote
2 EL Weißweinessig
1 TL Honig
1 TL Sesamöl
Salz, Pfeffer

1. Erdnüsse grob hacken und fettfrei in einer Pfanne auf mittlerer Stufe 2–3 Minuten rösten. Gurke waschen, längs halbieren und längs in dünne Streifen schneiden. Chilischote waschen, entkernen und fein hacken.

2. Essig mit Honig und Öl verrühren und mit Salz und Pfeffer würzen. Chili unterrühren. Gurkenstreifen mit Dressing mischen und Asia-Gurkensalat mit Erdnüssen bestreut servieren.

Knuspriger Blumenkohl

mit spanischen Croûtons

2 SmartPoints Wert

Für 4 Personen
Fertig in: 20 Min.
Davon aktiv: 10 Min.
Vegetarisch | Schnell
92 kcal | 386 kJ

1 Blumenkohl (ca. 450 g)
Salz, Pfeffer
2 kleine Scheiben Toast
1 Knoblauchzehe
3 TL Olivenöl
1 EL Kapern
1/2 TL abgeriebene unbehandelte Zitronenschale
1/4 TL Paprikapulver
2 TL gehackte Petersilie (TK)

1. Blumenkohl waschen, in Röschen teilen, ca. 5 Minuten in Salzwasser garen und abgießen. Toast würfeln und Knoblauch pressen. 2 TL Öl in einer Pfanne auf mittlerer Stufe erhitzen und Toastwürfel mit Knoblauch darin ca. 3 Minuten rösten. Kapern, Zitronenschale und Paprikapulver dazugeben, mit Salz und Pfeffer würzen, ca. 5 Minuten mitbraten und herausnehmen.

2. Restliches Öl im Bratensatz erhitzen und Blumenkohlröschen darin ca. 3 Minuten braten. Mit Salz und Pfeffer würzen und Croûtons untermischen. Mit Petersilie bestreuen und Blumenkohl mit Croûtons servieren.

Spaghettisalat
mit Kalbsstreifen

8 SmartPoints Wert

Für 2 Personen
Fertig in: 30 Min.
Davon aktiv: 25 Min.
Schnell | To Go
409 kcal | 1709 kJ

80 g trockene Spaghetti
Salz, Pfeffer
200 g Cocktailtomaten
1 orange Paprika
250 g Kalbsschnitzel
4 TL Pesto verde
2 EL Gemüsebrühe
(1 Prise Instantpulver)
2 EL heller Balsamicoessig
1 TL Olivenöl

1. Nudeln nach Packungsanweisung in Salzwasser garen. Tomaten mit Paprika waschen. Paprika entkernen und in schmale Streifen schneiden, Tomaten halbieren. Kalbsschnitzel trocken tupfen und in Streifen schneiden.

2. Für das Dressing Pesto mit Brühe und Essig verrühren und mit Salz und Pfeffer würzen. Öl in einer Pfanne auf hoher Stufe erhitzen, Kalbsstreifen darin 3–4 Minuten rundherum braten und mit Salz und Pfeffer würzen.

3. Nudeln abgießen, abschrecken und mit Dressing, Paprikastreifen und Tomatenhälften vermischen. Spaghettisalat mit Kalbsstreifen und nach Wunsch mit gehacktem Basilikum bestreut servieren.

Honigbirnen

mit Ziegenkäse und Walnüssen

4 SmartPoints Wert

Für 4 Personen
Fertig in: 20 Min.
Davon aktiv: 10 Min.
Vegetarisch | Schnell
182 kcal | 760 kJ

4 kleine reife Birnen
30 g Walnüsse
4 EL Ziegenfrischkäse, 45 % Fett i. Tr.
4 TL Honig

---

1. Backofen auf 180° C (Gas: Stufe 2, Umluft: 160° C) vorheizen. Birnen waschen, halbieren und das Kerngehäuse entfernen, sodass eine runde Vertiefung entsteht. Walnüsse hacken.

2. Ziegenfrischkäse mit Walnüssen mischen. Birnenhälften mit der Schnittfläche nach oben in eine Auflaufform (ca. 16 x 20 cm) legen, mit Ziegenfrischkäse füllen und mit Honig beträufeln. Honigbirnen im Backofen auf mittlerer Schiene 8–10 Minuten garen und servieren.

VIDEO

Weißkohlpfanne

mit Kartoffeln

7 SmartPoints Wert

Für 4 Personen
Fertig in: 45 Min.
Davon aktiv: 25 Min.
Familie
352 kcal | 1471 kJ

1 kg festkochende Kartoffeln
Salz, Pfeffer
1 Weißkohl (ca. 1 kg)
1 Zwiebel
2 TL Rapsöl
150 g magere Schinkenwürfel
300 ml Gemüsebrühe (1 1/2 TL Instantpulver)
200 g Kräuterfrischkäse, bis 1 % Fett absolut
1 TL Paprikapulver
2 Prisen geriebene Muskatnuss

1. Kartoffeln schälen, halbieren und in Salzwasser ca. 15 Minuten vorgaren. Weißkohl putzen, vierteln, den Strunk entfernen und Weißkohl in dünne Streifen schneiden. Zwiebel schälen und würfeln. Kartoffeln abgießen und in Scheiben schneiden.

2. Öl in einer Pfanne auf mittlerer bis hoher Stufe erhitzen und Weißkohlstreifen mit Zwiebelwürfeln darin ca. 10 Minuten anbraten. Kartoffelscheiben mit Schinkenwürfeln dazugeben und ca. 10 Minuten mitbraten.

3. Mit Brühe ablöschen, Frischkäse unterrühren und ca. 2 Minuten köcheln lassen. Mit Paprikapulver, Muskatnuss, Salz und Pfeffer würzen und Weißkohlpfanne mit Kartoffeln servieren.

Nichts ist verboten!

Pia, 26 Jahre
-16 kg

Essen macht Spaß

„Klassische Diäten haben mich immer mit einem schlechten Gewissen zurückgelassen, weil ich auch bestimmte Lebensmittel nicht essen durfte. WW ist einfach anders. Ich habe jetzt eine gesunde Einstellung zum Essen. Weil nichts „verboten" ist, macht es Spaß, sich mit Ernährung und Essen zu beschäftigen. Ich habe gelernt, wieder auf meinen Körper zu hören – und darauf, ob ich Hunger habe oder nicht. Ich bin kreativ in der Küche, lasse mich von Rezepten inspirieren und wandle sie gerne ab. Besonders gerne esse ich die Kohlrabi-Karotten-Suppe für 0 Punkte."

Fotografin: Tania Walck

Kohlrabi-Karotten-Suppe

0 SmartPoints Wert

Für 1 Person
Fertig in: 25 Min.
Davon aktiv: 10 Min.
Vegetarisch | Schnell | Einfrieren
169 kcal | 705 kJ

1 Kohlrabi
2 Karotten
1 kleine Zwiebel
250 ml Gemüsebrühe (1 TL Instantpulver)
Salz, Pfeffer
1 Msp. getrockneter Majoran
1 EL Zitronensaft
1 EL fettarme Milch

1. Kohlrabi, Karotten und Zwiebel schälen und würfeln. Gemüsewürfel fettfrei in einem Topf auf mittlerer bis hoher Stufe kurz andünsten. Mit Brühe ablöschen, mit Salz und Pfeffer würzen, mit Majoran verfeinern und ca. 15 Minuten köcheln lassen.

2. Ein Drittel der Gemüsewürfel herausnehmen. Suppe pürieren und mit Zitronensaft und Milch verfeinern. Gemüsewürfel in die Suppe geben und Kohlrabi-Karotten-Suppe servieren.

Für ein Top-Topping

sorgen knusprige Baconchips. Brate 1 Scheibe Bacon fettfrei in einer Pfanne und zerbrösele sie über der Suppe. Die SmartPoints erhöhen sich auf 3.

Karottennudeln

mit Walnusspesto und Schweinefiletstreifen

9 SmartPoints Wert

Für 2 Personen
Fertig in: 40 Min.
Davon aktiv: 35 Min.
Low Carb | Einfrieren
469 kcal | 1961 kJ

3 Zweige Thymian
50 g Walnüsse
3 TL Olivenöl
3 EL Gemüsebrühe
(1/4 TL Instantpulver)
Salz, Pfeffer
800 g Karotten
250 g Schweinefilet
1/2 TL Currypulver

1. Für das Pesto Thymian waschen, trocken schütteln, mit Walnüssen hacken und mit 2 TL Öl, Brühe, Salz und Pfeffer pürieren. Karotten schälen und mit einem Sparschäler längs in dünne Streifen schneiden.

2. Schweinefilet trocken tupfen und in Streifen schneiden. Restliches Öl in einer Pfanne auf mittlerer bis hoher Stufe erhitzen, Schweinefiletstreifen darin 4–5 Minuten rundherum braten und mit Salz, Pfeffer und Currypulver würzen.

3. Karottenstreifen in Salzwasser 4–5 Minuten garen, abgießen und mit Pesto und Schweinefiletstreifen vermengen. Karottennudeln mit Walnusspesto und Schweinefiletstreifen servieren.

Gemüsereis mit Ei

5 SmartPoints Wert

Für 1 Person
Fertig in: 15 Min.
Davon aktiv: 10 Min.
Schnell | To Go
395 kcal | 1653 kJ

200 g Asia-Gemüse (TK)
1 TL Rapsöl
1 Ei (Größe M)
Salz, Pfeffer
2 EL Wasser
125 g gegarter Langkornreis
1 EL Austernsauce
1 Stängel Koriander

1. Asia-Gemüse auftauen lassen. Öl in einem Wok auf hoher Stufe erhitzen. Ei leicht mit Salz und Pfeffer verquirlen, in den Wok geben und 1–2 Minuten garen. Omelette zusammenklappen, herausnehmen und warm stellen.

2. Wok auf hoher Stufe erhitzen, Asia-Gemüse mit 1 EL Wasser in den Wok geben und 4–5 Minuten unter Rühren braten. Reis mit restlichem Wasser dazugeben und 3–4 Minuten braten.

3. Gemüse mit Austernsauce verfeinern, mit Salz und Pfeffer abschmecken und kurz aufkochen. Koriander waschen, trocken schütteln und hacken. Omelette in dünne Streifen schneiden und mit Gemüsereis vermischen. Gemüsereis mit Koriander bestreut servieren.

Paprika-Karotten-Salat

2 SmartPoints Wert

Für 4 Personen
Fertig in: 15 Min.
Davon aktiv: 10 Min.
Vegan | Schnell | To Go
180 kcal | 754 kJ

je 2 rote und gelbe Paprika
4 große Karotten
2 TL Rapsöl
2 TL Zucker
2 EL heller Balsamicoessig
Salz, Pfeffer
3 TL Pinienkerne
1/2 Bund Basilikum

1. Paprika waschen, entkernen und in grobe Würfel schneiden. Karotten schälen und in Scheiben schneiden. Öl in einer großen Pfanne auf mittlerer bis hoher Stufe erhitzen und Paprikawürfel mit Karottenscheiben darin ca. 5 Minuten braten. Mit Zucker bestreuen und unter gelegentlichem Rühren karamellisieren lassen. Mit Essig ablöschen und mit Salz und Pfeffer würzen.

2. Pinienkerne fettfrei in einer Pfanne auf mittlerer Stufe 2–3 Minuten rösten. Basilikum waschen, trocken schütteln und hacken. Gemüse ca. 5 Minuten abkühlen lassen, Basilikum und Pinienkerne unterheben und Paprika-Karotten-Salat servieren.

Pizza Margherita

11 SmartPoints Wert

Für 2 Personen
Fertig in: 35 Min.
Davon aktiv: 15 Min.
Vegetarisch | To Go | Einfrieren
427 kcal | 1786 kJ

200 g Pizzateig (Frischprodukt)
1 TL Olivenöl
4 Tomaten
Salz, Pfeffer
4 TL Tomatenmark
einige Blätter Basilikum
1 Kugel fettreduzierter Mozzarella

1. Backofen auf 220° C (Gas: Stufe 4, Umluft: 200° C) vorheizen. Pizzateig nach Packungsanweisung entrollen und zu einem runden Pizzaboden (Ø 22 cm) ausrollen. Backblech mit Öl einpinseln und den Teig daraufgeben.

2. Tomaten waschen, in grobe Stücke schneiden und mit Salz und Pfeffer würzen. Teig mit Tomatenmark bestreichen, dabei rundherum 1 cm Rand frei lassen, und Tomatenstücke darauf verteilen. Pizza im Backofen auf mittlerer Schiene ca. 5 Minuten backen.

3. Basilikum waschen und trocken schütteln. Mozzarella trocken tupfen, in Scheiben schneiden, auf der Pizza verteilen und auf mittlerer Schiene weitere ca. 10 Minuten backen. Pizza Margherita mit Basilikum bestreuen und servieren.

Bulgurhähnchen

mit Minze

Für 1 Person
Fertig in: 20 Min.
Davon aktiv: 15 Min.
Familie | Schnell | Einfrieren
425 kcal | 1780 kJ

50 g trockener Bulgur
Salz, Pfeffer
2 Stängel Minze
3 Karotten
120 g Hähnchenbrustfilet
1 TL Rapsöl
1 Prise Kreuzkümmel
100 ml Gemüsebrühe
(1/2 TL Instantpulver)

1. Bulgur nach Packungsanweisung in Salzwasser garen. Minze waschen, trocken schütteln und fein hacken. Karotten schälen und in Scheiben schneiden. Hähnchenbrustfilet abspülen, trocken tupfen und in Streifen schneiden.

2. Öl in einer Pfanne auf hoher Stufe erhitzen, Hähnchenbruststreifen darin ca. 5 Minuten rundherum braten, mit Salz, Pfeffer und Kreuzkümmel würzen und herausnehmen.

3. Karottenscheiben im Bratensatz ca. 3 Minuten anbraten, mit Brühe ablöschen und ca. 10 Minuten garen. Bulgur mit Minze mischen. Hähnchenbruststreifen und Karottenscheiben unterheben, mit Salz und Pfeffer abschmecken und Bulgurhähnchen servieren.

Erfrischende Gazpacho

mit Garnelenspießen

1 SmartPoints Wert

Für 2 Personen
Fertig in: 30 Min.
Davon aktiv: 20 Min.
Low Carb
194 kcal | 811 kJ

1/2 Salatgurke
4 Tomaten
1/2 unbehandelte Zitrone
200 g Wassermelonen-fruchtfleisch
1 EL heller Balsamicoessig
100 ml Wasser
Salz, Pfeffer
150 g küchenfertige Garnelen
1 TL Paprikapulver
1 TL Olivenöl

1. Gurke waschen und würfeln. Tomaten waschen und vierteln. 1 TL Zitronenschale abreiben und Zitronenhälfte auspressen. Wassermelonenfruchtfleisch würfeln, mit Gurkenwürfeln, Tomatenvierteln, Essig, Wasser, Zitronensaft und 1/2 TL Zitronenschale pürieren. Gazpacho mit Salz und Pfeffer abschmecken und ca. 20 Minuten kalt stellen.

2. Garnelen abspülen, trocken tupfen und mit Paprikapulver, restlicher Zitronenschale, Salz und Pfeffer vermischen. Garnelen auf 2 Spieße stecken. Öl in einer Pfanne auf hoher Stufe erhitzen und Garnelenspieße darin 4–5 Minuten von jeder Seite braten. Erfrischende Gazpacho mit Garnelenspießen servieren.

VIDEO

Gestrudelte Quarkcreme

mit Himbeeren

4 SmartPoints Wert

Für 4 Personen
Fertig in: 15 Min.
Davon aktiv: 15 Min.
Vegetarisch | Schnell
179 kcal | 750 kJ

2 EL gehackte Mandeln
600 g Magerquark
6 TL Honig
300 g Himbeeren
3 Stängel Minze

1. Mandeln fettfrei in einer Pfanne auf mittlerer Stufe 2–3 Minuten rösten. Quark mit 3 TL Honig verrühren. Himbeeren waschen und 100 g pürieren. Minze waschen, trocken schütteln und hacken. Drei Viertel der Minze mit 300 g Quark pürieren.

2. Quark mit Himbeerpüree und Minzquark marmorieren und mit restlichen Himbeeren garnieren. Restlichen Honig darüber träufeln, mit Mandeln und restlicher Minze bestreuen und gestrudelte Quarkcreme mit Himbeeren servieren.

Käseschmarrn

mit Kräutern

8 SmartPoints Wert

Für 2 Personen
Fertig in: 25 Min.
Davon aktiv: 15 Min.
Vegetarisch | Schnell
408 kcal | 1708 kJ

3 Eier (Größe M)
Salz, Pfeffer
1 Prise Zucker
100 ml entrahmte Milch
85 g Mehl
4 EL geriebener Bergkäse, 50 % Fett i. Tr.
3 TL Kräuter der Provence (TK)
1 TL Rapsöl

1. Eier trennen. Eiklar mit 1 Prise Salz steif schlagen. Eigelb mit Zucker und 1/2 TL Salz verrühren. Milch und Mehl nach und nach unterrühren. Bergkäse mit 2 TL Kräutern und Eischnee vorsichtig unter den Teig heben.

2. Öl in einer Pfanne auf mittlerer bis hoher Stufe erhitzen, Teig hineingeben und darin ca. 3 Minuten braten. Käseschmarrn in der Pfanne wenden, in Stücke zerteilen und weitere ca. 5 Minuten braten. Käseschmarrn mit restlichen Kräutern bestreuen und servieren.

Kartoffelauflauf

mit Kohlrabi und Tatar

8 SmartPoints Wert

Für 4 Personen
Fertig in: 50 Min.
Davon aktiv: 20 Min.
Familie
406 kcal | 1700 kJ

800 g mehligkochende Kartoffeln
3 Kohlrabi (ca. 1 kg)
1 TL Olivenöl
400 g Tatar
Salz, Pfeffer
400 ml Gemüsebrühe (2 TL Instantpulver)
150 ml Cremefine zum Kochen, 7 % Fett
2 EL gehackte Petersilie (TK)
50 g geriebener Käse, 30 % Fett i. Tr.

1. Kartoffeln schälen und in dünne Scheiben hobeln. Kohlrabi schälen und in feine Stifte schneiden. Öl in einer großen Pfanne auf mittlerer bis hoher Stufe erhitzen, Tatar darin krümelig anbraten und mit Salz und Pfeffer würzen.

2. Tatar mit Brühe und Cremefine ablöschen. Kartoffelscheiben, Kohlrabistifte und Petersilie zufügen und ca. 15 Minuten köcheln lassen. Backofen auf 200° C (Gas: Stufe 3, Umluft: 180° C) vorheizen.

3. Kartoffel-Tatar-Mischung in einer Auflaufform (ca. 20 x 30 cm) verteilen, mit Käse bestreuen und im Backofen auf mittlerer Schiene ca. 20 Minuten backen. Kartoffelauflauf mit Kohlrabi und Tatar servieren.

Paprika**risotto**

aus dem Ofen mit Schafskäse

9 SmartPoints Wert

Für 2 Personen
Fertig in: 55 Min.
Davon aktiv: 20 Min.
Vegetarisch
437 kcal | 1829 kJ

120 g trockener Risottoreis
350 ml heiße Gemüsebrühe (1 1/2 TL Instantpulver)
3 TL getrockneter Oregano
Salz, Pfeffer
1 Zwiebel
je 1 rote, gelbe und grüne Paprika
1 TL Rapsöl
100 g Schafskäse, 25 % Fett i. Tr.

1. Backofen auf 180° C (Gas: Stufe 2, Umluft: 160° C) vorheizen. Reis mit 300 ml Brühe und 2 TL Oregano in einer hohen Auflaufform (ca. 16 x 20 cm) verrühren, mit Salz und Pfeffer würzen und mit Alufolie abgedeckt im Backofen auf mittlerer Schiene ca. 50 Minuten garen, dabei nach der Hälfte der Garzeit umrühren.

2. Zwiebel schälen und würfeln. Paprika waschen, entkernen und in Würfel schneiden. Öl in einem Topf auf mittlerer Stufe erhitzen und Zwiebel- mit Paprikawürfeln darin ca. 5 Minuten braten. Mit restlicher Brühe ablöschen, mit Salz und Pfeffer würzen und mit restlichem Oregano verfeinern.

3. Schafskäse zerbröseln und mit Gemüsewürfeln unter das Risotto heben. Paprikarisotto aus dem Ofen mit Salz und Pfeffer abschmecken und servieren.

Einfacher geht's nicht:

Bei dieser Zubereitung gart das Risotto langsam im Ofen. So kann nichts anbrennen und du musst nur einmal umrühren.

Rindersteak

auf gebratenem Gemüse

5 SmartPoints Wert

Für 1 Person
Fertig in: 25 Min.
Davon aktiv: 15 Min.
Schnell | Low Carb
335 kcal | 1403 kJ

1 kleine Zucchini
1 kleine gelbe Paprika
2 Frühlingszwiebeln
2 TL Olivenöl
Salz, Pfeffer
1 Rindersteak (125 g)
1 TL dunkler Balsamicoessig
1 kleine Handvoll Rucola

1. Zucchini waschen und in Scheiben schneiden. Paprika waschen, entkernen und in Streifen schneiden. Frühlingszwiebeln waschen und in Ringe schneiden.

2. 1 TL Öl in einer Pfanne auf hoher Stufe erhitzen, Zucchinischeiben, Paprikastreifen und Frühlingszwiebelringe darin 2–3 Minuten anbraten, mit Salz und Pfeffer würzen und auf mittlerer Stufe 5–6 Minuten braten.

3. Steak trocken tupfen, mit restlichem Öl einpinseln und mit Salz und Pfeffer würzen. Eine Grillpfanne auf hoher Stufe erhitzen und Steak darin 2–3 Minuten von jeder Seite braten.

4. Gemüse mit Essig beträufeln. Rucola waschen, trocken schleudern und unter das Gemüse heben. Rindersteak auf gebratenem Gemüse servieren.

Omelette

mit Lauch und Schinkenstreifen

2 SmartPoints Wert

Für 1 Person
Fertig in: 25 Min.
Davon aktiv: 15 Min.
Schnell | Low Carb
375 kcal | 1568 kJ

1 Stange Lauch
1/4 Bund Schnittlauch
2 Eier (Größe M)
Salz, Pfeffer
3 Scheiben roher Schinken
50 ml Gemüsebrühe
(1/4 TL Instantpulver)
1 TL Rapsöl

1. Lauch waschen und in Ringe schneiden. Schnittlauch waschen, trocken schütteln und in Ringe schneiden. Eier mit Salz, Pfeffer und Schnittlauch verquirlen. Schinken in Streifen schneiden.

2. Eine Pfanne auf mittlerer bis hoher Stufe erhitzen und Schinkenstreifen fettfrei darin ca. 2 Minuten braten. Lauchringe dazugeben und kurz mitbraten. Mit Brühe ablöschen, 5–6 Minuten köcheln lassen, mit Salz und Pfeffer würzen und herausnehmen.

3. Öl in der Pfanne auf mittlerer Stufe erhitzen, Eimasse dazugeben und ca. 5 Minuten mit Deckel stocken lassen. Lauchringe mit Schinkenstreifen daraufgeben, Omelette zusammenklappen und servieren.

Jetzt NEU

Eier zählen ab sofort zu den 0-Punkte-Lebensmitteln, die besonders lange sättigen.

Spargel-Garnelen-Salat

mit Zitronendressing

2 SmartPoints Wert

Für 2 Personen
Fertig in: 30 Min.
Davon aktiv: 25 Min.
To Go | Low Carb
289 kcal | 1211 kJ

je 250 g weißer und grüner Spargel
Salz, Pfeffer
2 Stängel Zitronenmelisse
1/2 unbehandelte Zitrone
50 ml Gemüsebrühe (1/4 TL Instantpulver)
3 TL Olivenöl
400 g küchenfertige Garnelen

1. Weißen Spargel schälen und die holzigen Enden abschneiden. Grünen Spargel waschen, das untere Drittel schälen und Spargel in Stücke schneiden. Weiße Spargelstücke in Salzwasser ca. 5 Minuten garen, abgießen und kalt abschrecken.

2. Für das Dressing Zitronenmelisse waschen und trocken schütteln. 1 TL Zitronenschale abreiben und Zitronenhälfte auspressen. 2 TL Zitronensaft mit Zitronenschale, Zitronenmelisse, Brühe und 1 TL Öl pürieren und mit Salz und Pfeffer abschmecken.

3. Garnelen abspülen und trocken tupfen. 1 TL Öl in einer Pfanne auf mittlerer Stufe erhitzen, grüne Spargelstücke darin ca. 5 Minuten rundherum anbraten, mit Salz und Pfeffer würzen und herausnehmen.

4. Restliches Öl in einer Pfanne auf mittlerer Stufe erhitzen und Garnelen darin ca. 5 Minuten rundherum braten. Spargelstücke mit Garnelen mischen und Spargel-Garnelen-Salat mit Zitronendressing beträufelt servieren.

Geschmorter Lammtopf

mit griechischen Reisnudeln

8 SmartPoints Wert

Für 2 Personen
Fertig in: 50 Min.
Davon aktiv: 20 Min.
Einfrieren
466 kcal | 1951 kJ

300 g Lammfilet
1 rote Zwiebel
1 TL Olivenöl
400 g stückige Tomaten (Konserve)
500 ml Gemüsebrühe (2 TL Instantpulver)
2 TL getrockneter Oregano
200 g grüne Bohnen
100 g trockene Kritharaki (griechische Hartweizen-nudeln)
1 TL Paprikapulver
1 Msp. Zimt
Salz, Pfeffer

1. Lammfilet trocken tupfen und in große Würfel schneiden. Zwiebel schälen und würfeln. Öl in einem Topf auf mittlerer bis hoher Stufe erhitzen und Lamm- mit Zwiebelwürfeln darin ca. 5 Minuten rundherum anbraten. Mit Tomaten und Brühe ablöschen, Oregano dazugeben und auf mittlerer Stufe mit Deckel ca. 20 Minuten schmoren lassen.

2. Bohnen waschen und in Stücke schneiden. Nudeln, Bohnenstücke und Paprikapulver zum Lammtopf geben und auf mittlerer Stufe mit Deckel ca. 15 Minuten garen, dabei gelegentlich umrühren. Lammtopf mit Zimt verfeinern, kräftig mit Salz und Pfeffer würzen und servieren.

Porridge

mit Bananen und Heidelbeeren

7 SmartPoints Wert

Für 4 Personen
Fertig in: 10 Min.
Davon aktiv: 5 Min.
Vegetarisch | Familie | Schnell
280 kcal | 1173 kJ

500 ml entrahmte Milch
125 g zarte Haferflocken
1 EL Zucker
2 Bananen
200 g Heidelbeeren
1 TL Rapsöl
1 EL Honig

---

1. Milch in einem Topf auf mittlerer Stufe erhitzen. Haferflocken und Zucker dazugeben und unter gelegentlichem Rühren 4–5 Minuten köcheln lassen.

2. Bananen schälen und schräg in Scheiben schneiden. Heidelbeeren waschen und trocken tupfen. Öl in einer Pfanne auf mittlerer Stufe erhitzen und Bananenscheiben darin 1–2 Minuten karamellisieren lassen.

3. Honig darüber träufeln, Heidelbeeren dazugeben und ca. 1 Minute köcheln lassen. Porridge mit Bananen und Heidelbeeren garniert servieren.

Tomatensuppe

mit Pumpernickel-Croûtons

3 SmartPoints Wert

Für 1 Person
Fertig in: 5 Min.
Davon aktiv: 5 Min.
Vegetarisch | Familie | Schnell
209 kcal | 876 kJ

2 Stängel Basilikum
500 g passierte Tomaten (Konserve)
1 EL Frischkäse, bis 1 % Fett absolut
2 TL dunkler Balsamicoessig
1 TL Honig
Salz, Pfeffer
1/2 Scheibe Pumpernickel

1. Basilikum waschen, trocken schütteln und Blätter abzupfen. Tomaten in einem Topf auf mittlerer Stufe erhitzen. Frischkäse, Essig und Honig unterrühren. Suppe mit Salz und Pfeffer würzen.

2. Pumpernickel im Toaster rösten und in kleine Würfel schneiden. Tomatensuppe mit Pumpernickel-Croûtons und Basilikum bestreut servieren.

Eiersalat

mit Radieschen

0 SmartPoints Wert

Für 2 Personen
Fertig in: 20 Min.
Davon aktiv: 15 Min.
Vegetarisch | Schnell | To Go
324 kcal | 1354 kJ

5 Eier (Größe M)
1/2 Bund Radieschen
2 Gewürzgurken
1 Römersalatherz
150 g Magermilchjoghurt
1 EL Kräuteressig
2 EL Gewürzgurkensud (aus dem Glas)
Salz, Pfeffer

1. Eier in kochendem Wasser 8–10 Minuten hart kochen. Radieschen waschen und mit Gewürzgurken in Stifte schneiden. Salat waschen, trocken schleudern und in Streifen schneiden.

2. Eier abschrecken, pellen und halbieren. Für das Dressing Eigelb mit einer Gabel zerdrücken und mit Joghurt, Essig und Gurkensud verrühren. Dressing mit Salz und Pfeffer abschmecken. Eiweiß würfeln und mit Salatstreifen, Radieschen- und Gurkenstiften mischen. Dressing unterheben und Eiersalat servieren.

Kartoffel-Lauch-Salat

mit Wacholderschinken

8 SmartPoints Wert

Für 2 Personen
Fertig in: 50 Min.
Davon aktiv: 25 Min.
To Go
382 kcal | 1598 kJ

600 g festkochende Kartoffeln
Salz, Pfeffer
2 Stangen Lauch
1 Salatgurke
1 TL Rapsöl
3 EL Kräuteressig
50 ml Gemüsebrühe (1/4 TL Instantpulver)
2 TL Senf
4 Scheiben Wacholderschinken

1. Kartoffeln waschen und mit Schale in Salzwasser 25–30 Minuten garen. Lauch waschen und in Ringe schneiden. Gurke waschen und in Scheiben hobeln.

2. Öl in einer Pfanne auf mittlerer Stufe erhitzen, Lauchringe darin ca. 3 Minuten dünsten, mit Essig und Brühe ablöschen und mit Deckel 8–10 Minuten garen. Senf einrühren und mit Salz und Pfeffer würzen.

3. Kartoffeln abgießen, pellen und in Scheiben schneiden. Kartoffel- und Gurkenscheiben mit Lauchringen samt Sud mischen und kurz ziehen lassen. Kartoffel-Lauch-Salat mit Salz und Pfeffer abschmecken und mit Schinken servieren.

Ofenspargel

mit Pellkartoffeln

11 SmartPoints Wert

Für 2 Personen
Fertig in: 45 Min.
Davon aktiv: 20 Min.
Vegetarisch
466 kcal | 1949 kJ

1 unbehandelte Zitrone
1 kg weißer Spargel
2 TL Olivenöl
Salz, Pfeffer
1 Prise Zucker
700 g festkochende Kartoffeln
3 EL Magerquark
5 EL saure Sahne
2 TL getrocknete Petersilie

1. Backofen auf 180° C (Gas: Stufe 2, Umluft: 160° C) vorheizen. 1/2 TL Zitronenschale abreiben und Zitrone auspressen. Spargel schälen, die holzigen Enden abschneiden und Spargel mit 2 EL Zitronensaft und Öl in einer Auflaufform (ca. 25 x 30 cm) vermischen. Spargel mit Salz und Pfeffer würzen, mit Zucker verfeinern und im Backofen auf mittlerer Schiene ca. 30 Minuten garen.

2. Kartoffeln waschen und mit Schale in Salzwasser ca. 20 Minuten garen. Für den Dip Quark mit saurer Sahne, restlichem Zitronensaft, -schale und Petersilie verrühren und mit Salz und Pfeffer abschmecken. Kartoffeln abgießen, pellen und Ofenspargel mit Pellkartoffeln und Dip servieren.

Schweinemedaillons

auf Karottenpüree

3 SmartPoints Wert

Für 2 Personen
Fertig in: 30 Min.
Davon aktiv: 30 Min.
Low Carb | Familie | Schnell
296 kcal | 1239 kJ

500 g Karotten
Salz, Pfeffer
300 g Schweinefilet
1 TL Rapsöl
125 ml Gemüsebrühe (1/2 TL Instantpulver)
1 EL getrockneter Thymian
3 EL Frischkäse, bis 1 % Fett absolut
1 Stück Ingwer (ca. 2 cm)
100 g Magermilchjoghurt

1. Karotten schälen, in grobe Stücke schneiden und in Salzwasser ca. 15 Minuten garen. Schweinefilet trocken tupfen und in 4 Medaillons schneiden.

2. Öl in einer Pfanne auf mittlerer bis hoher Stufe erhitzen und Schweinemedaillons darin 3–4 Minuten von jeder Seite braten. Medaillons herausnehmen, mit Salz und Pfeffer würzen und warm stellen.

3. Für die Sauce Bratensatz mit Brühe ablöschen, Thymian dazugeben, ca. 3 Minuten einkochen lassen und Frischkäse einrühren. Sauce mit Salz und Pfeffer abschmecken.

4. Ingwer schälen und reiben. Karotten abgießen, mit Joghurt und Ingwer zerstampfen und mit Salz und Pfeffer abschmecken. Schweinemedaillons auf Karottenpüree mit Thymiansauce servieren.

Schinken-Zwiebel-Kuchen

mit Parmesan

5 SmartPoints Wert

Für 8 Stücke
Fertig in: 35 Min.
Davon aktiv: 15 Min.
Einfrieren
167 kcal | 699 kJ

2 Zwiebeln
1 Packung Pizzateig (Frischprodukt, ca. 400 g)
4 EL Schmand
1 EL gehackte Petersilie (TK)
Salz, Pfeffer
50 g magere Schinkenwürfel
2 EL geriebener Parmesan

1. Backofen auf 200° C Ober-/Unterhitze (Umluft nicht empfehlenswert) vorheizen. Zwiebeln schälen und in feine Streifen schneiden. Pizzateig nach Packungsanweisung ausrollen und auf ein mit Backpapier ausgelegtes Backblech legen.

2. Schmand mit Petersilie, Salz und Pfeffer verrühren und Teig damit bestreichen. Schinkenwürfel mit Zwiebelstreifen auf dem Teig verteilen und mit Parmesan bestreuen. Schinken-Zwiebel-Kuchen im Backofen auf unterster Schiene ca. 20 Minuten backen und servieren.

Tagliatelle

mit Erbsen und Brunnenkresse

8 SmartPoints Wert

Für 2 Personen
Fertig in: 15 Min.
Davon aktiv: 5 Min.
Vegetarisch | Schnell
347 kcal | 1453 kJ

150 g trockene Tagliatelle
Salz, Pfeffer
100 g Erbsen (TK)
1/2 unbehandelte Zitrone
100 g Brunnenkresse
4 EL Frischkäse, bis 1 % Fett absolut

1. Nudeln nach Packungsanweisung in Salzwasser garen. Erbsen ca. 5 Minuten vor Ende der Garzeit zufügen und mitgaren. 1 TL Zitronenschale abreiben und Zitronenhälfte auspressen. Brunnenkresse waschen und trocken schleudern.

2. 50 g Brunnenkresse mit Frischkäse, 100 ml Nudelwasser, Zitronenschale und -saft pürieren und mit Salz und Pfeffer abschmecken. Nudeln samt Erbsen abgießen und mit Sauce mischen. Tagliatelle mit Erbsen und Brunnenkresse bestreut servieren.

Zuckerschoten-Frittata

mit Blattspinat

0 SmartPoints Wert

Für 8 Stücke
Fertig in: 20 Min.
Davon aktiv: 15 Min.
Vegetarisch | Schnell | Low Carb
74 kcal | 309 kJ

300 g Blattspinat (TK)
200 g Zuckererbsenschoten
1 Zwiebel
1 TL Olivenöl
Salz, Pfeffer
4 Eier (Größe M)

1. Spinat auftauen lassen, ausdrücken und hacken. Zuckererbsenschoten waschen und in Stücke schneiden. Zwiebel schälen und würfeln. Öl in einer Pfanne auf mittlerer bis hoher Stufe erhitzen und Zuckererbsenschotenstücke mit Zwiebelwürfeln darin ca. 3 Minuten braten. Spinat dazugeben, kurz mitbraten und mit Salz und Pfeffer würzen.

2. Eier mit Salz und Pfeffer verquirlen, über die Gemüsemischung geben und auf niedriger Stufe mit Deckel 7–8 Minuten stocken lassen. Zuckerschoten-Frittata in Stücke schneiden und servieren.

Pimp your meal:

Wenn du magst, kannst du noch 75 g magere Schinkenwürfel oder 1 EL Parmesan hinzufügen. Der SmartPoints Wert verändert sich nicht.

Spitzkohlsalat
mit Granatapfelkernen

1 SmartPoints Wert

Für 4 Personen
Fertig in: 45 Min.
Davon aktiv: 15 Min.
Vegan | To Go
131 kcal | 547 kJ

1 kleiner Spitzkohl
Salz, Pfeffer
3 Karotten
1 Granatapfel
1 EL Rapsöl
3 EL Weißweinessig
1 TL Agavendicksaft

1. Spitzkohl putzen, vierteln, den Strunk entfernen und Spitzkohl in feine Streifen schneiden. Mit 1/2 TL Salz verkneten und ca. 30 Minuten ziehen lassen. Karotten schälen und in Streifen schneiden. Granatapfel vierteln und die Kerne herauslösen. Fruchtreste auspressen und den Saft dabei auffangen.

2. Öl mit Essig, Granatapfelsaft und Agavendicksaft verrühren und mit Salz und Pfeffer würzen. Spitzkohl-, Karottenstreifen und Granatapfelkerne mit Dressing mischen. Spitzkohlsalat mit Granatapfelkernen servieren.

Garnelenpfanne

mit Papaya und Chinakohl

7 SmartPoints Wert

Für 1 Person
Fertig in: 30 Min.
Davon aktiv: 25 Min.
Schnell
556 kcal | 2325 kJ

1/2 Chinakohl (ca. 250 g)
1/2 Papaya
150 g küchenfertige Riesengarnelen
60 g trockener Couscous
Salz, Pfeffer
1 TL Olivenöl
1 TL Chilipulver
3 EL Sojasauce
150 ml Gemüsebrühe (1/2 TL Instantpulver)

1. Chinakohl putzen, Boden samt Strunk entfernen und Kohl in Streifen schneiden. Papaya schälen, Kerne mit einem Löffel entfernen und Papaya würfeln. Garnelen abspülen und trocken tupfen. Couscous nach Packungsanweisung in Salzwasser garen.

2. Öl in einer Pfanne auf hoher Stufe erhitzen, Chinakohlstreifen darin kurz anbraten und mit Chilipulver würzen. Garnelen zufügen, ca. 3 Minuten mitbraten, mit Sojasauce und Brühe ablöschen und aufkochen. Papayawürfel mit Couscous unterheben und erwärmen. Garnelenpfanne mit Salz und Pfeffer abschmecken und servieren.

DULTON CO.,LTD.
55 MIN TIMER

Ready in 20 Minuten

Kartoffeleintopf

mit Hähnchenstreifen und Gemüse

7 SmartPoints Wert

Für 2 Personen
Fertig in: 20 Min.
Davon aktiv: 10 Min.
Familie | To Go
442 kcal | 1851 kJ

450 g Drillinge
200 g Hähnchenbrustfilet
1 TL Rapsöl
Salz, Pfeffer
2 TL Senf
400 ml Gemüsebrühe (2 TL Instantpulver)
250 g Blumenkohlröschen (TK)
250 g Broccoliröschen (TK)
1 TL Zitronensaft
1/2 TL gehackter Thymian
1 Prise geriebene Muskatnuss
2 Scheiben Baguette

1. Kartoffeln waschen und in kleine Würfel schneiden. Hähnchenbrustfilet abspülen, trocken tupfen und in Streifen schneiden. Öl in einem Topf auf mittlerer bis hoher Stufe erhitzen, Hähnchenbruststreifen darin ca. 3 Minuten rundherum anbraten und mit Salz und Pfeffer würzen.

2. Senf einrühren, mit Brühe ablöschen, Kartoffelwürfel, Blumenkohl- und Broccoliröschen zugeben und darin 10–12 Minuten garen. Kartoffeleintopf mit Zitronensaft, Thymian und Muskatnuss verfeinern, mit Salz und Pfeffer abschmecken und mit Baguettescheiben servieren.

Thunfischsalat

auf Gurkenscheiben

1 SmartPoints Wert

Für 1 Person
Fertig in: 20 Min.
Davon aktiv: 20 Min.
Low Carb | To Go
248 kcal | 1038 kJ

1 kleine rote Zwiebel
1/4 Bund Radieschen
1 TL Olivenöl
1 TL Zitronensaft
1/2 TL Senf
2 EL Gemüsebrühe
(1 Prise Instantpulver)
Salz, Pfeffer
1 Stängel Petersilie
1/2 Handvoll Rucola
1 Dose Thunfisch im eigenen Saft (150 g Abtropfgewicht)
1/2 Salatgurke

1. Zwiebel schälen, Radieschen waschen und beides in feine Würfel schneiden. Für das Dressing Öl, Zitronensaft, Senf, Brühe, Salz und Pfeffer verrühren. Petersilie waschen, trocken schütteln und hacken. Rucola waschen und trocken schütteln.

2. Thunfisch abtropfen lassen, mit Dressing, Petersilie, Radieschen- und Zwiebelwürfeln vermischen und mit Salz und Pfeffer würzen. Gurke waschen, in Scheiben schneiden und Gurkenscheiben auf einem Teller anrichten. Thunfischsalat darauf verteilen, mit Rucola bestreuen und Thunfischsalat auf Gurkenscheiben servieren.

Japanische Nudelpfanne

9 SmartPoints Wert

Für 2 Personen
Fertig in: 20 Min.
Davon aktiv: 10 Min.
Vegetarisch | To Go
403 kcal | 1687 kJ

120 g trockene Sobanudeln
Salz, Pfeffer
2 EL Sojasauce
2 EL Mirin (japanischer Reiswein)
2 EL Sake (Reiswein)
1 EL Misopaste
1 TL Rapsöl
400 g Asia-Gemüse (TK)

1. Nudeln nach Packungsanweisung in Salzwasser garen. Für die Sauce Sojasauce, Mirin, Sake und Misopaste in einem Topf auf mittlerer Stufe aufkochen und ca. 2 Minuten köcheln lassen.

2. Öl in einem Wok auf hoher Stufe erhitzen, Asia-Gemüse darin 10–12 Minuten braten und mit Sauce ablöschen. Nudeln zufügen und ca. 2 Minuten mitbraten. Japanische Nudelpfanne servieren.

Rührei im Paprikaring

3 SmartPoints Wert

Für 2 Personen
Fertig in: 20 Min.
Davon aktiv: 15 Min.
Vegetarisch
290 kcal | 1214 kJ

1 Stängel Petersilie
1/2 Bund Schnittlauch
1 große rote Paprika
3 Eier (Größe M)
Salz, Pfeffer
1 TL Rapsöl
100 g Magerquark
2 kleine Scheiben Mehrkorntoast

1. Petersilie und Schnittlauch waschen und trocken schütteln. Petersilie hacken und Schnittlauch in Ringe schneiden. Paprika waschen, 4 Ringe (ca. 1,5 cm dick) abschneiden, Paprika entkernen und restliche Paprika fein würfeln. Eier mit Salz, Pfeffer und Petersilie verquirlen.

2. Öl in einer Pfanne auf hoher Stufe erhitzen und Paprikaringe darin ca. 2 Minuten von jeder Seite braten. Eiermischung in den Paprikaringen verteilen und auf niedriger Stufe mit Deckel 8–10 Minuten stocken lassen.

3. Quark mit Paprikawürfeln und Schnittlauch verrühren und mit Salz und Pfeffer abschmecken. Toast rösten und jeweils diagonal halbieren. Rührei im Paprikaring mit Schnittlauchquark und Toast servieren.

VIDEO

Linsen mit Aubergine

und Pistou

2 SmartPoints Wert

Für 2 Personen
Fertig in: 20 Min.
Davon aktiv: 20 Min.
Vegan | To Go
337 kcal | 1411 kJ

- 1 Zwiebel
- 1 Aubergine (ca. 300 g)
- 130 g trockene rote Linsen
- 350 ml Gemüsebrühe (1 1/2 TL Instantpulver)
- 100 g Cocktailtomaten
- 1 Bund Petersilie
- 1 EL Olivenöl
- 1/2 TL abgeriebene unbehandelte Zitronenschale
- 1 TL Weißweinessig
- Salz, Pfeffer

1. Zwiebel schälen, Aubergine waschen und beides würfeln. Linsen mit Zwiebel- und Auberginenwürfeln in einem Topf auf mittlerer bis hoher Stufe in Brühe 10–12 Minuten garen.

2. Tomaten waschen und halbieren. Für das Pistou Petersilie waschen, trocken schütteln, hacken, mit Öl, Zitronenschale und Essig vermischen und mit Salz und Pfeffer würzen.

3. Tomatenhälften zum Gemüse geben und ca. 2 Minuten erwärmen. Linsen mit Salz und Pfeffer abschmecken und mit Pistou garniert servieren.

Mangoldpasta

mit Räuchertofu

8 SmartPoints Wert

Für 2 Personen
Fertig in: 20 Min.
Davon aktiv: 15 Min.
Vegan | To Go
464 kcal | 1940 kJ

1 Zwiebel
120 g Räuchertofu
500 g Mangold
120 g trockene Spaghetti
Salz, Pfeffer
1 TL Rapsöl
2 EL Sojasauce
1 EL heller Balsamicoessig
175 ml Gemüsebrühe
(1 TL Instantpulver)
3 TL Mandelmus
1 TL rosa Pfefferbeeren

1. Zwiebel schälen und mit Räuchertofu würfeln. Mangold waschen, trocken schleudern, weiße Stiele von den Blättern schneiden, Blätter in breite und Stiele in schmale Streifen schneiden.

2. Nudeln nach Packungsanweisung in Salzwasser garen. Öl in einer Pfanne auf hoher Stufe erhitzen, Tofuwürfel darin 3–4 Minuten rundherum braten, mit Sojasauce ablöschen und herausnehmen. Zwiebelwürfel und Mangoldstreifen im Bratensatz kurz anbraten, mit Essig und Brühe ablöschen und auf mittlerer Stufe ca. 5 Minuten köcheln lassen.

3. Mandelmus einrühren. Nudeln abgießen und mit Tofuwürfeln unterheben. Mangoldpasta mit Salz und Pfeffer abschmecken und mit rosa Pfefferbeeren bestreut servieren.

Grillgemüsebagel

mit Tomaten-Paprika-Creme

9 SmartPoints Wert

Für 1 Person
Fertig in: 15 Min.
Davon aktiv: 15 Min.
Vegan | To Go
375 kcal | 1568 kJ

- 2 getrocknete Tomaten ohne Öl
- 50 ml heiße Gemüsebrühe (1/2 TL Instantpulver)
- 1 kleine Zucchini
- 1 TL Olivenöl
- Salz, Pfeffer
- 1 Handvoll Rucola
- 2 TL Paprikamark
- 1 TL gehackter Oregano
- 1 Bagel

1. Tomaten ca. 10 Minuten in Brühe einweichen. Zucchini waschen und längs in Scheiben schneiden.

2. Öl in einer Grillpfanne auf mittlerer bis hoher Stufe erhitzen, Zucchinischeiben darin 3–4 Minuten von jeder Seite grillen und mit Salz und Pfeffer würzen.

3. Rucola waschen und trocken schütteln. Für die Creme Tomaten samt Sud mit Paprikamark, Salz, Pfeffer und Oregano pürieren.

4. Bagel aufschneiden, mit Creme bestreichen, untere Bagelhälfte mit Rucola und Zucchinischeiben belegen und mit oberer Hälfte abdecken. Grillgemüsebagel servieren.

Nudelpfanne

mit grünem Spargel und Pesto Rosso

11 SmartPoints Wert

Für 2 Personen
Fertig in: 20 Min.
Davon aktiv: 20 Min.
To Go | Einfrieren
516 kcal | 2157 kJ

4 getrocknete Tomaten ohne Öl
150 ml heiße Gemüsebrühe (1/2 TL Instantpulver)
200 g Schweineschnitzel
500 g grüner Spargel
120 g trockene Penne
Salz, Pfeffer
2 TL Olivenöl
1 TL gehackter Thymian
30 g geriebener Parmesan

---

1. Tomaten ca. 10 Minuten in Brühe einweichen. Schweineschnitzel trocken tupfen und in Würfel schneiden. Spargel waschen, das untere Drittel schälen und Spargel in Stücke schneiden. Nudeln nach Packungsanweisung in Salzwasser garen.

2. 1 TL Öl in einer Pfanne auf hoher Stufe erhitzen, Schnitzelwürfel darin 2–3 Minuten rundherum braten, mit Salz und Pfeffer würzen und herausnehmen. Spargelstücke im Bratensatz auf mittlerer Stufe 3–4 Minuten braten.

3. Für das Pesto Tomaten samt Sud mit restlichem Öl, Thymian, Salz und Pfeffer pürieren. Nudeln abgießen, mit Pesto und Schnitzelwürfeln zum Spargel geben und vermischen. Nudelpfanne mit Salz und Pfeffer abschmecken und mit Parmesan bestreut servieren.

Chili mit Steakstreifen

und Reis

9 SmartPoints Wert

Für 2 Personen
Fertig in: 20 Min.
Davon aktiv: 15 Min.
To Go | Einfrieren
600 kcal | 2511 kJ

- 100 g trockener Minutenreis
- Salz, Pfeffer
- 1 Zwiebel
- 2 TL Rapsöl
- 400 g passierte Tomaten (Konserve)
- 250 g Rindersteak
- 1 kleine Dose Kidneybohnen (125 g Abtropfgewicht)
- 1 kleine Dose Mais (140 g Abtropfgewicht)
- 300 g Paprikastreifen (TK)
- 1/2 TL Kreuzkümmel
- 1 TL Chilipulver
- 1 Prise Zimt

1. Reis nach Packungsanweisung in Salzwasser garen. Zwiebel schälen und würfeln. 1 TL Öl in einem Topf auf mittlerer Stufe erhitzen und Zwiebelwürfel darin ca. 2 Minuten dünsten. Mit Tomaten ablöschen und aufkochen.

2. Steak trocken tupfen und in Streifen schneiden. Restliches Öl in einer Pfanne auf hoher Stufe erhitzen und Steakstreifen darin ca. 3 Minuten rundherum braten. Kidneybohnen abspülen und mit Mais abtropfen lassen. Paprikastreifen, Kidneybohnen und Mais zufügen und ca. 5 Minuten mitbraten.

3. Steak-Gemüse-Mischung zur Zwiebel-Tomaten-Mischung geben, mit Kreuzkümmel, Chilipulver und Zimt würzen und mit Salz und Pfeffer abschmecken. Chili mit Steakstreifen und Reis servieren.

Gebratene Salbeischolle

mit Tomaten und Joghurtdip

1 SmartPoints Wert

Für 1 Person
Fertig in: 20 Min.
Davon aktiv: 15 Min.
Low Carb
273 kcal | 1144 kJ

1 Schalotte
250 g Cocktailtomaten
1 Stängel Salbei
2 EL Magermilchjoghurt
1 TL abgeriebene unbehandelte Zitronenschale
Salz, Pfeffer
1 Schollenfilet (125 g)
1 TL Mehl
1 TL Olivenöl
2 EL dunkler Balsamicoessig

1. Schalotte schälen und würfeln. Tomaten waschen und halbieren. Salbei waschen, trocken schütteln und Blätter abzupfen. Für den Dip Joghurt mit Zitronenschale, Salz und Pfeffer verrühren. Schollenfilet abspülen, trocken tupfen, mit Salz und Pfeffer würzen und mit Mehl bestäuben.

2. Öl in einer Pfanne auf hoher Stufe erhitzen, Salbeiblätter darin kurz andünsten, Schollenfilet dazugeben, darin 2–3 Minuten von jeder Seite braten und herausnehmen.

3. Tomatenhälften und Schalottenwürfel im Bratensatz 2–3 Minuten andünsten, mit Essig ablöschen und mit Salz und Pfeffer würzen. Scholle auf den Tomaten erwärmen und mit Salbeiblättern bestreuen. Salbeischolle mit Tomaten und Joghurtdip servieren.

Scharfer Bohnentopf

mit Cabanossi

8 SmartPoints Wert

Für 2 Personen
Fertig in: 20 Min.
Davon aktiv: 10 Min.
To Go | Einfrieren
415 kcal | 1738 kJ

1 Zwiebel
1 kleine rote Chilischote
1 TL Olivenöl
1 EL Tomatenmark
1 TL Senf
200 g grüne Bohnen (TK)
200 ml Gemüsebrühe
(1 TL Instantpulver)
400 g stückige Tomaten
(Konserve)
100 g weiße Bohnen
(Konserve)
60 g Cabanossi
Salz, Pfeffer
1/2 TL Cayennepfeffer
4 Scheiben Baguette

1. Zwiebel schälen und würfeln. Chilischote waschen, entkernen und in Ringe schneiden.

2. Öl in einem Topf auf mittlerer bis hoher Stufe erhitzen, Zwiebelwürfel, Chiliringe, Tomatenmark und Senf darin 1–2 Minuten anschwitzen, grüne Bohnen dazugeben, mit Brühe und Tomaten ablöschen und auf mittlerer Stufe mit Deckel 10–12 Minuten köcheln lassen.

3. Weiße Bohnen abspülen und abtropfen lassen. Cabanossi in Scheiben schneiden. Weiße Bohnen und Cabanossischeiben im Eintopf 3–4 Minuten erwärmen und mit Salz, Pfeffer und Cayennepfeffer würzen. Scharfen Bohnentopf mit Baguette servieren.

Broccoli-Mandel-Suppe

mit gerösteten Sonnenblumenkernen

3 SmartPoints Wert

Für 2 Personen
Fertig in: 20 Min.
Davon aktiv: 15 Min.
Vegan | To Go | Einfrieren
167 kcal | 699 kJ

1 kleine Zwiebel
300 g Broccoli
1 TL Rapsöl
600 ml Gemüsebrühe
(2 1/2 TL Instantpulver)
1 EL Mandelmus
Salz, Pfeffer
2 TL Sonnenblumenkerne
1 TL Zitronensaft

1. Zwiebel schälen und in Würfel schneiden. Broccoli waschen und in Röschen teilen. Öl in einem Topf auf mittlerer Stufe erhitzen und Zwiebelwürfel darin kurz andünsten. Broccoliröschen dazugeben, mit Brühe ablöschen und ca. 5 Minuten köcheln lassen.

2. Mandelmus unterrühren, Suppe pürieren und mit Salz und Pfeffer abschmecken. Sonnenblumenkerne fettfrei in einer Pfanne auf mittlerer Stufe 2–3 Minuten rösten. Broccoli-Mandel-Suppe mit Zitronensaft verfeinern, mit Sonnenblumenkernen bestreuen und servieren.

Linsensalat

mit Artischocken und Ziegenkäse

5 SmartPoints Wert

Für 2 Personen
Fertig in: 20 Min.
Davon aktiv: 15 Min.
Vegetarisch | To Go
337 kcal | 1409 kJ

50 g getrocknete Tomaten ohne Öl
50 ml heiße Gemüsebrühe (1/4 TL Instantpulver)
1 rote Zwiebel
250 g Linsen (Konserve)
1 Dose Artischockenherzen in Lake (240 g Abtropfgewicht)
1 TL Olivenöl
Salz, Pfeffer
1 EL Schnittlauchringe
80 g Ziegenfrischkäsetaler, 45 % Fett i. Tr.
1/4 Kopfsalat

1. Tomaten ca. 5 Minuten in Brühe einweichen und abtropfen lassen. Zwiebel schälen und würfeln. Linsen abspülen, mit Artischockenherzen abtropfen lassen und Artischocken halbieren. Backofen mit Grillfunktion auf 180° C (Gas: Stufe 3, Umluft: 160° C) vorheizen.

2. Öl in einer Pfanne auf mittlerer Stufe erhitzen und Zwiebelwürfel darin 4–5 Minuten braten. Artischockenhälften, Tomaten, Linsen und die Hälfte des Schnittlauchs zufügen und ca. 5 Minuten mitbraten.

3. Ziegenkäse in 4 Scheiben schneiden und auf ein mit Backpapier ausgelegtes Backblech legen. Ziegenkäse im Backofen auf oberster Schiene ca. 5 Minuten gratinieren.

4. Salat waschen, trocken schleudern und in mundgerechte Stücke zerteilen. Linsen, Gemüse und Ziegenkäse darauf verteilen und mit restlichem Schnittlauch bestreuen. Linsensalat mit Artischocken und Ziegenkäse servieren.

Grießbrei mit Aprikosen

9 SmartPoints Wert

Für 2 Personen
Fertig in: 20 Min.
Davon aktiv: 10 Min.
Vegetarisch | Familie
241 kcal | 1007 kJ

500 ml entrahmte Milch
60 g trockener Weichweizengrieß
1 Päckchen Vanillezucker
1 TL Backpulver
200 g Aprikosen (Konserve ohne Zucker)

1. Milch in einem Topf auf mittlerer Stufe erhitzen. Grieß mit Vanillezucker einrühren und unter gelegentlichem Rühren ca. 10 Minuten köcheln lassen. Backpulver dazugeben und mit einem Handrührgerät ca. 5 Minuten aufschlagen.

2. Aprikosen abtropfen lassen. Die Hälfte der Aprikosen würfeln und restliche Aprikosen pürieren. Grießbrei mit Aprikosenpüree verstrudeln und mit Aprikosenwürfeln garniert servieren.

Süße Vanille-Bandnudeln

mit Heidelbeersauce

10 SmartPoints Wert

Für 2 Personen
Fertig in: 20 Min.
Davon aktiv: 10 Min.
Vegetarisch | Familie
385 kcal | 1611 kJ

400 g Heidelbeeren
120 g trockene Bandnudeln
1 Vanilleschote
300 ml entrahmte Milch
1 EL Zucker

1. Heidelbeeren waschen und trocken tupfen. Nudeln in ungesalzenem Wasser ca. 5 Minuten vorgaren. Vanilleschote längs aufschneiden und das Mark herauskratzen.

2. Milch mit Vanillemark und Zucker in einem Topf auf mittlerer Stufe ca. 5 Minuten erhitzen. Nudeln abgießen, zur Vanillemilch geben und darin ca. 5 Minuten unter Rühren weitergaren.

3. 300 g Heidelbeeren in einem Topf auf mittlerer Stufe ca. 5 Minuten erwärmen und leicht zerdrücken. Restliche Heidelbeeren in der Sauce erwärmen und Vanille-Bandnudeln mit Heidelbeersauce sofort servieren.

Caesars Hähnchensalat

7 SmartPoints Wert

Für 4 Personen
Fertig in: 20 Min.
Davon aktiv: 10 Min.
To Go
416 kcal | 1738 kJ

180 g trockene Vollkorn-Spiralnudeln
Salz, Pfeffer
200 g Cocktailtomaten
1 Salatgurke
4 Römersalatherzen
4 Hähnchenbrustfilets (à 120 g)
2 TL Olivenöl
50 g Sardellenfilets in Salzlake
80 ml Caesar Dressing (Fertigprodukt)
1 EL gehobelter Parmesan

1. Nudeln nach Packungsanweisung in Salzwasser garen, abgießen und ca. 5 Minuten abkühlen lassen. Tomaten waschen und halbieren. Gurke waschen, längs vierteln und in Scheiben schneiden. Salat waschen, trocken schleudern und in mundgerechte Stücke zerteilen.

2. Hähnchenbrustfilets abspülen, trocken tupfen und flacher klopfen. Öl in einer Pfanne auf mittlerer bis hoher Stufe erhitzen, Hähnchenbrustfilets darin ca. 5 Minuten von jeder Seite braten und mit Salz und Pfeffer würzen.

3. Hähnchenbrustfilets in Streifen schneiden, mit Nudeln, Sardellenfilets, Salatzutaten und Dressing mischen und mit Parmesan bestreuen. Caesars Hähnchensalat servieren.

Lunchbowl mit Couscous

und Rinderfiletstreifen

9 SmartPoints Wert

Für 1 Person
Fertig in: 15 Min.
Davon aktiv: 15 Min.
To Go
459 kcal | 1921 kJ

1 Karotte
50 g Baby-Blattspinat
150 g Rinderfilet
50 g trockener Couscous
Salz, Pfeffer
1/2 TL Kreuzkümmel
1 TL Sesamöl
2 TL Zitronensaft
1 EL Granatapfelkerne
1 TL gehackter Koriander

1. Karotte schälen und raspeln. Spinat waschen und trocken schleudern. Rinderfilet trocken tupfen und in Streifen schneiden.

2. Couscous nach Packungsanweisung in Salzwasser garen und mit Kreuzkümmel verfeinern. Öl in einer Pfanne auf hoher Stufe erhitzen, Rinderfiletstreifen darin 2–3 Minuten rundherum braten und mit Salz und Pfeffer würzen.

3. Karottenraspel mit Zitronensaft vermischen. Couscous mit Karottenraspeln, Spinat und Rinderfiletstreifen in einer Schüssel anrichten. Lunchbowl mit Granatapfelkernen und Koriander bestreut servieren.

Brotsalat mit Mozzarella

10 SmartPoints Wert

Für 2 Personen
Fertig in: 20 Min.
Davon aktiv: 10 Min.
Vegetarisch | To Go
414 kcal | 1732 kJ

4 Scheiben Roggenbrot
500 g Cocktailtomaten
100 g Feldsalat
3 Stängel Petersilie
1 Kugel fettreduzierter Mozzarella
1 TL Olivenöl
2 EL heller Balsamicoessig
2 EL Gemüsebrühe (1 Prise Instantpulver)
1 TL gehackter Oregano
Salz, Pfeffer
1 TL Honig

1. Brot in Würfel schneiden. Tomaten waschen und halbieren. Feldsalat waschen und trocken schleudern. Petersilie waschen, trocken schütteln und hacken. Mozzarella trocken tupfen und in Würfel schneiden.

2. Öl in einer Pfanne auf mittlerer Stufe erhitzen und Brotwürfel mit Petersilie darin 2–3 Minuten rösten. Feldsalat mit Tomatenhälften und Mozzarellawürfeln vermischen.

3. Für das Dressing Essig, Brühe, Oregano, Salz, Pfeffer und Honig verrühren. Salat mit Dressing mischen. Brotwürfel unter den Salat heben und Brotsalat servieren.

Ersetze den Feldsalat doch mal durch Baby-Blattspinat, Romanesco oder Rucola.

Bunte Gemüse-Tacos

9 SmartPoints Wert

Für 4 Personen
Fertig in: 20 Min.
Davon aktiv: 15 Min.
Vegetarisch
501 kcal | 2095 kJ

- 200 g trockener Basmatireis
- Salz, Pfeffer
- 1 rote Zwiebel
- 1/2 Weißkohl
- 1 rote Paprika
- 1 Karotte
- 2 rote Chilischoten
- 255 g Kidneybohnen (Konserve)
- 200 g Dicke Bohnen (Konserve)
- 5 Stängel Koriander
- 2 Limetten
- 2 kleine Römersalatherzen
- 100 g Tortillachips

1. Reis nach Packungsanweisung in Salzwasser garen. Zwiebel schälen, halbieren und in dünne Streifen schneiden. Weißkohl putzen, halbieren und Strunk entfernen. Paprika waschen, entkernen und mit Weißkohl in feine Streifen schneiden. Karotte schälen und in feine Stifte schneiden.

2. Chilischoten waschen, entkernen und in feine Ringe schneiden. Bohnen abspülen und abtropfen lassen. Koriander waschen, trocken schütteln und hacken. Limetten auspressen, Limettensaft mit Koriander, Gemüse und Bohnen mischen und mit Salz und Pfeffer würzen.

3. Salatherzen in 12 einzelne Blätter lösen, waschen und trocken schütteln. Reis in die Salatblätter füllen und mit Gemüse belegen. Gemüse-Tacos mit Tortillachips servieren.

Pfannkuchen

mit Gemüsefüllung

8 SmartPoints Wert

Für 1 Person
Fertig in: 20 Min.
Davon aktiv: 20 Min.
Vegetarisch
446 kcal | 1867 kJ

1 Karotte
1 kleine gelbe Paprika
1 Ei (Größe M)
70 ml entrahmte Milch
40 g Mehl
Salz, Pfeffer
2 TL Rapsöl
1 TL Paprikapulver
1/2 Bund Schnittlauch
1 EL Frischkäse, bis 1 % Fett absolut
einige Blätter Eisbergsalat

1. Karotte schälen und raspeln. Paprika waschen, entkernen und in dünne Streifen schneiden. Für den Teig Ei, Milch, Mehl und Salz verrühren und kurz quellen lassen.

2. 1 TL Öl in einer Pfanne auf mittlerer Stufe erhitzen, Paprikastreifen und Karottenraspel darin 5–6 Minuten braten und mit Salz, Pfeffer und Paprikapulver würzen.

3. Restliches Öl in einer Pfanne auf mittlerer Stufe erhitzen und aus dem Teig darin einen Pfannkuchen backen, dabei 2–3 Minuten von jeder Seite braten.

4. Für die Creme Schnittlauch waschen, trocken schütteln, in Ringe schneiden und mit Frischkäse, Salz und Pfeffer verrühren. Salat waschen, trocken schütteln und in Streifen schneiden. Pfannkuchen mit Creme bestreichen, mit Salat und Gemüse belegen, zusammenklappen und servieren.

Schnitzel mit Lauch

und Weintrauben

7 SmartPoints Wert

Für 2 Personen
Fertig in: 20 Min.
Davon aktiv: 20 Min.
Familie | To Go
427 kcal | 1787 kJ

- 3 Stangen Lauch (ca. 500 g, ersatzweise TK)
- 100 g kernlose helle Weintrauben
- 2 TL Rapsöl
- 100 ml Cremefine zum Kochen, 7 % Fett
- 1 Knoblauchzehe
- 2 Zweige Rosmarin
- 2 Putenschnitzel (à 120 g)
- Salz, Pfeffer
- 1 TL Zitronensaft
- 2 EL geriebener Parmesan
- 2 Scheiben Baguette

1. Lauch und Weintrauben waschen, Lauch in Ringe schneiden und Weintrauben halbieren. 1 TL Öl in einem Topf auf mittlerer bis hoher Stufe erhitzen und Lauchringe darin 1–2 Minuten anbraten. Traubenhälften dazugeben, mit Cremefine ablöschen und mit Deckel 7–8 Minuten köcheln lassen.

2. Knoblauch hacken. Rosmarin waschen und trocken schütteln. Putenschnitzel abspülen und trocken tupfen. Restliches Öl in einer Pfanne auf hoher Stufe erhitzen, Putenschnitzel mit Knoblauch und Rosmarinzweigen darin 3–5 Minuten von jeder Seite braten und mit Salz und Pfeffer würzen.

3. Lauch-Weintrauben-Gemüse mit Zitronensaft verfeinern und mit Salz und Pfeffer abschmecken. Mit Parmesan und nach Wunsch mit rosa Pfefferbeeren bestreuen. Schnitzel mit Lauch, Weintrauben und Baguette servieren.

Rote-Bete-Suppe

mit Kräuterpesto

2 SmartPoints Wert

Für 2 Personen
Fertig in: 20 Min.
Davon aktiv: 10 Min.
To Go
195 kcal | 815 kJ

4 vorgegarte Rote Beten (vakuumverpackt, ca. 500 g)
650 ml Gemüsebrühe (3 TL Instantpulver)
1/4 Bund Petersilie
1/2 Bund Basilikum
1 TL Olivenöl
1 EL heller Balsamicoessig
100 ml Orangensaft
1 EL geriebener Parmesan
Salz, Pfeffer

1. Rote Beten in Würfel schneiden, mit Brühe in einem Topf auf mittlerer Stufe aufkochen und 10–12 Minuten köcheln lassen.

2. Für das Pesto Petersilie und Basilikum waschen, trocken schütteln und mit Öl, Essig, 2 EL Orangensaft, Parmesan, Salz und Pfeffer pürieren.

3. Restlichen Orangensaft zur Suppe geben, pürieren und mit Salz und Pfeffer abschmecken. Rote-Bete-Suppe mit Kräuterpesto garnieren und servieren.

Für das gewisse Extra …

… und mehr Cremigkeit kannst du die Rote-Bete-Suppe mit 2 TL Schmand pro Person verfeinern. Der SmartPoints Wert erhöht sich auf 3.

Nudelsalat mit Bohnen

und Thunfisch

6 SmartPoints Wert

Für 1 Person
Fertig in: 20 Min.
Davon aktiv: 10 Min.
To Go
476 kcal | 1990 kJ

- 50 g trockene Penne
- Salz, Pfeffer
- 100 g grüne Bohnen
- 1 Schalotte
- 2 Tomaten
- 25 g Rucola
- 1 Dose Thunfisch im eigenen Saft (150 g Abtropfgewicht)
- 1 TL Rapsöl
- 1 EL Gemüsebrühe (1 Prise Instantpulver)
- 1 EL heller Balsamicoessig
- 1 TL Kapern

1. Nudeln nach Packungsanweisung in Salzwasser garen, abgießen und ca. 10 Minuten abkühlen lassen. Bohnen waschen, in Stücke schneiden und in Salzwasser ca. 8 Minuten garen. Bohnen abgießen und ca. 10 Minuten abkühlen lassen.

2. Schalotte schälen und fein würfeln. Tomaten waschen und in Stücke schneiden. Rucola waschen und trocken schütteln. Thunfisch abtropfen lassen.

3. Für das Dressing Öl, Brühe und Essig verrühren und mit Salz und Pfeffer abschmecken. Kapern unterrühren. Salatzutaten mit Dressing mischen und Nudelsalat mit Bohnen und Thunfisch servieren.

Tatarpfanne mit Reis

und grünen Bohnen

7 SmartPoints Wert

Für 1 Person
Fertig in: 20 Min.
Davon aktiv: 10 Min.
To Go | Einfrieren
406 kcal | 1700 kJ

1 Zwiebel
200 g grüne Bohnen
1 Stängel Minze
1 Stängel Zitronenmelisse
1 TL Olivenöl
100 g Tatar
Salz, Pfeffer
40 g trockener Minutenreis
300 ml Gemüsebrühe
(1 1/2 TL Instantpulver)
1 EL Hüttenkäse,
bis 0,5 % Fett absolut
1 Msp. Chiliflocken

1. Zwiebel schälen und würfeln. Bohnen waschen und in Stücke schneiden. Minze mit Zitronenmelisse waschen, trocken schütteln und hacken.

2. Öl in einer Pfanne auf hoher Stufe erhitzen, Tatar darin krümelig anbraten und mit Salz und Pfeffer würzen. Reis und Zwiebelwürfel dazugeben, mit Brühe ablöschen und auf mittlerer Stufe mit Deckel ca. 10 Minuten garen.

3. Bohnenstücke dazugeben und ca. 5 Minuten garen. Für das Topping Hüttenkäse mit Minze und Zitronenmelisse verrühren und mit Salz und Pfeffer würzen. Tatarpfanne mit Chiliflocken verfeinern und mit Hüttenkäsetopping garniert servieren.

Pak Choi aus dem Ofen

mit gebratenem Lachs

2 SmartPoints Wert

Für 2 Personen
Fertig in: 20 Min.
Davon aktiv: 15 Min.
Low Carb
351 kcal | 1467 kJ

500 g Mini Pak Choi
1 kleine rote Chilischote
1 Stück Ingwer (ca. 1 cm)
2 Lachsfilets (à 125 g)
2 EL süße Asia-Chilisauce
2 EL Sojasauce
1 TL Sesamöl
1 TL Sesam

1. Backofen auf 200° C vorheizen. Pak Choi waschen und längs halbieren. Chilischote waschen, entkernen und in Ringe schneiden. Ingwer schälen und reiben. Pak-Choi-Hälften mit Chiliringen und Ingwer bestreuen, in eine Auflaufform (ca. 20 x 20 cm) legen und im Backofen auf mittlerer Schiene 10–15 Minuten garen.

2. Lachsfilets abspülen und trocken tupfen. Asia-Chilisauce, 1 EL Sojasauce und Sesamöl in einem tiefen Teller verrühren und Lachs darin wenden. Pfanne auf mittlerer Stufe erhitzen und Lachs darin 4–5 Minuten von jeder Seite braten, dabei mit restlicher Marinade bestreichen. Pak-Choi-Hälften mit restlicher Sojasauce beträufeln, mit Sesam bestreuen und mit Lachs servieren.

Kräutereier mit Kartoffeln

6 SmartPoints Wert

Für 2 Personen
Fertig in: 20 Min.
Davon aktiv: 20 Min.
437 kcal | 1828 kJ

350 g Drillinge
Salz, Pfeffer
400 g Blumenkohlröschen (TK)
4 Eier (Größe M)
1 Zwiebel
1 TL Olivenöl
220 ml entrahmte Milch
1 TL Speisestärke
1 EL Senf
2 EL 8-Kräuter-Mischung (TK)

1. Kartoffeln waschen, mit Schale in Salzwasser ca. 15 Minuten garen und abgießen. Blumenkohlröschen in Salzwasser ca. 10 Minuten garen und abgießen. Eier in kochendem Wasser 8–10 Minuten hart kochen und abschrecken. Zwiebel schälen und würfeln.

2. Öl in einer Pfanne auf mittlerer Stufe erhitzen, Zwiebelwürfel darin glasig dünsten und mit 200 ml Milch ablöschen. Stärke mit restlicher Milch anrühren, dazugeben und aufkochen. Mit Senf und Kräutern verfeinern und mit Salz und Pfeffer abschmecken.

3. Eier pellen, halbieren und zur Sauce geben. Kräutereier mit Kartoffeln und Blumenkohl servieren.

Reisnudel-Kohl-Salat

mit Tofu

6 SmartPoints Wert

Für 2 Personen
Fertig in: 20 Min.
Davon aktiv: 15 Min.
Vegetarisch | To Go
446 kcal | 1865 kJ

200 g Tofu
1/2 rote Chilischote
60 ml Orangensaft
4 EL Sojasauce
1/4 TL Kurkuma
1/4 TL Paprikapulver
1 rote Paprika
1 Frühlingszwiebel
90 g trockene breite Reisnudeln
Salz, Pfeffer
1/2 kleiner Spitzkohl
1 Limette
1 TL Sesamöl
1 EL gehackter Koriander

1. Tofu würfeln. Für die Marinade Chilischote waschen, entkernen und hacken. Chili mit Orangensaft, 1 EL Sojasauce, Kurkuma und Paprikapulver verrühren. Marinade und Tofu in einen Gefrierbeutel geben, gut verkneten und ca. 10 Minuten marinieren.

2. Paprika waschen, entkernen und würfeln. Frühlingszwiebel waschen und in feine Ringe schneiden. Nudeln nach Packungsanweisung in Salzwasser garen. Spitzkohl putzen, vierteln, den Strunk entfernen und Spitzkohl in feine Streifen schneiden.

3. Tofuwürfel abgießen und mit Spitzkohlstreifen fettfrei in einer Pfanne auf hoher Stufe ca. 3 Minuten rundherum braten. Nudeln abgießen, mit Spitzkohlstreifen, Frühlingszwiebelringen, Tofu- und Paprikawürfeln mischen und mit Salz und Pfeffer abschmecken.

4. Für das Dressing Limette auspressen und Limettensaft mit restlicher Sojasauce und Öl verquirlen. Reisnudel-Kohl-Salat mit Dressing und Koriander mischen und servieren.

Mini-Kalbsschnitzel

mit Senfsauce und Kartoffel-Pastinaken-Stampf

7 SmartPoints Wert

Für 2 Personen
Fertig in: 20 Min.
Davon aktiv: 15 Min.
Familie
489 kcal | 2045 kJ

- 400 g mehligkochende Kartoffeln
- 500 g Pastinaken
- Salz, Pfeffer
- 2 Kalbsschnitzel (à 150 g)
- 1 TL Rapsöl
- 100 ml Gemüsebrühe (1/2 TL Instantpulver)
- 1 TL Senf
- 1 TL Crème légère
- 1 TL gehackte Petersilie

1. Kartoffeln und Pastinaken schälen. Kartoffeln in kleine Würfel, Pastinaken in dünne Scheiben schneiden und in Salzwasser 10–12 Minuten garen. Kalbsschnitzel trocken tupfen und in je 3 Stücke schneiden.

2. Öl in einer Pfanne auf hoher Stufe erhitzen, Kalbsschnitzel darin 2–3 Minuten von jeder Seite braten, mit Salz und Pfeffer würzen, herausnehmen und in Alufolie gewickelt ruhen lassen. Bratensatz mit Brühe ablöschen, Senf und Crème légère einrühren, mit Salz und Pfeffer abschmecken und kurz aufkochen.

3. Kartoffelwürfel und Pastinakenscheiben abgießen, zerstampfen, mit Salz und Pfeffer würzen und mit Petersilie verfeinern. Mini-Kalbsschnitzel mit Senfsauce und Kartoffel-Pastinaken-Stampf servieren.

Maiscremesuppe

mit Kokosmilch

4 SmartPoints Wert

Für 2 Personen
Fertig in: 20 Min.
Davon aktiv: 10 Min.
Vegan | To Go | Einfrieren
215 kcal | 897 kJ

1 Zwiebel
2 Stängel Koriander
1 Dose Mais
(285 g Abtropfgewicht)
1 TL Rapsöl
300 ml Gemüsebrühe
(1 1/2 TL Instantpulver)
100 ml fettreduzierte
Kokosmilch
Salz, Pfeffer
1 TL Currypulver
1 TL Zitronensaft

1. Zwiebel schälen und würfeln. Koriander waschen, trocken schütteln und hacken. Mais abgießen. Öl in einem Topf auf mittlerer bis hoher Stufe erhitzen und Zwiebelwürfel darin ca. 2 Minuten andünsten.

2. 200 g Mais dazugeben, mit Brühe und Kokosmilch ablöschen, mit Salz, Pfeffer und Currypulver würzen und ca. 10 Minuten köcheln lassen. Suppe pürieren und mit Zitronensaft verfeinern. Restlichen Mais in der Suppe erwärmen, mit Salz und Pfeffer abschmecken und Maiscremesuppe mit Koriander bestreut servieren.

Falafeln auf Pflücksalat

3 SmartPoints Wert

Für 2 Personen
Fertig in: 20 Min.
Davon aktiv: 15 Min.
Vegetarisch | To Go
424 kcal | 1775 kJ

1/2 Papaya
1 Dose Kichererbsen (265 g Abtropfgewicht)
1 Zwiebel
1 Knoblauchzehe
1 Ei (Größe M)
3 EL zarte Haferflocken
2 EL Zitronensaft
1/2 TL Kreuzkümmel
1 Prise Zimt
1/4 TL gemahlener Koriander
3 EL gehackte Petersilie
Salz, Pfeffer
2 TL Olivenöl
125 g Magermilchjoghurt
1 Msp. Chilipulver
125 g Pflücksalatmischung (Kühltheke)

1. Papaya schälen, Kerne mit einem Löffel entfernen und Papaya würfeln. Kichererbsen abspülen und abtropfen lassen. Zwiebel schälen und würfeln. Knoblauch pressen. Kichererbsen mit Ei pürieren. Haferflocken, Zwiebelwürfel, Knoblauch, 1 EL Zitronensaft, Kreuzkümmel, Zimt, Koriander und Petersilie unterkneten und mit Salz und Pfeffer würzen. Masse zu 12 Bällchen formen und flach drücken.

2. Öl in einer Pfanne auf mittlerer Stufe erhitzen und Falafeln darin 5–7 Minuten von jeder Seite braten. Für das Dressing Joghurt mit restlichem Zitronensaft und Chilipulver glatt rühren und mit Salz und Pfeffer abschmecken. Salat waschen, trocken schleudern und mit Papayawürfeln und Dressing mischen. Falafeln auf Pflücksalat servieren.

Thunfischwrap

mit karamellisierten Zwiebeln

7 SmartPoints Wert

Für 1 Person
Fertig in: 15 Min.
Davon aktiv: 15 Min.
426 kcal | 1782 kJ

2 rote Zwiebeln
100 g Cocktailtomaten
einige Blätter Kopfsalat
1 TL Olivenöl
1 TL Honig
1 EL heller Balsamicoessig
Salz, Pfeffer
1 Dose Thunfisch im eigenen Saft (150 g Abtropfgewicht)
1 EL saure Sahne
1/2 TL Senf
1 TL Sojasauce
1 TL gehackter Majoran
1/2 TL Paprikapulver
1 kleiner Tortilla Wrap

1. Zwiebeln schälen und in Ringe schneiden. Tomaten waschen und vierteln. Salat waschen und trocken schütteln. Öl in einer Pfanne auf mittlerer Stufe erhitzen, Zwiebelringe mit Honig darin 7–8 Minuten braten, mit Essig ablöschen und mit Salz und Pfeffer würzen.

2. Für die Creme Thunfisch abtropfen lassen, mit saurer Sahne, Senf, Sojasauce, Majoran und Paprikapulver verrühren und mit Salz und Pfeffer abschmecken. Tortilla Wrap nach Packungsanweisung erwärmen, mit Creme bestreichen und mit Tomatenvierteln, Salat und Zwiebelringen belegen. Thunfischwrap aufrollen und servieren.

Räucherlachs

mit Fenchel-Radieschen-Salat

5 SmartPoints Wert

Für 4 Personen
Fertig in: 20 Min.
Davon aktiv: 20 Min.
To Go
333 kcal | 1393 kJ

1 unbehandelte Zitrone
6 Scheiben Räucherlachs (à 50 g)
1 Fenchelknolle
1/2 Bund Radieschen
1 EL Rotweinessig
1 EL Olivenöl
Salz, Pfeffer
2 EL gehackte Petersilie
2 TL gehackter Dill
50 g saure Sahne
1 TL Senf
1 EL Wasser
1/2 Salatgurke
50 g Brunnenkresse
4 Scheiben Roggenbrot

1. 1 TL Zitronenschale abreiben und Zitrone auspressen. Räucherlachs in Streifen schneiden. Fenchel mit Radieschen waschen. Fenchel halbieren, den Strunk entfernen und Fenchel in feine Streifen schneiden. Radieschen in feine Scheiben schneiden. Essig, Öl, 2 EL Zitronensaft, Zitronenschale, Salz und Pfeffer verrühren und mit Radieschenscheiben, Räucherlachs- und Fenchelstreifen mischen.

2. Für das Dressing Kräuter mit saurer Sahne, Senf, restlichem Zitronensaft und Wasser pürieren und mit Salz und Pfeffer würzen. Gurke waschen und längs in dünne Streifen schneiden. Brunnenkresse waschen und trocken schleudern. Gurke mit Brunnenkresse, Radieschenscheiben, Räucherlachs- und Fenchelstreifen mischen und mit Dressing beträufeln. Brot in Streifen schneiden und mit Räucherlachs und Fenchel-Radieschen-Salat servieren.

Capellini

mit cremiger Austernpilzsauce

9 SmartPoints Wert

Für 1 Person
Fertig in: 15 Min.
Davon aktiv: 15 Min.
Vegetarisch
375 kcal | 1570 kJ

250 g Austernpilze
1 TL Olivenöl
1/2 Bund Frühlingszwiebeln
70 g trockene Capellini
Salz, Pfeffer
1 TL heller Balsamicoessig
2 EL entrahmte Milch
50 ml Gemüsebrühe
(1/4 TL Instantpulver)
2 TL Schmand

1. Austernpilze trocken abreiben und in Stücke schneiden. Öl in einer Pfanne auf hoher Stufe erhitzen und Austernpilzstücke darin 3–4 Minuten braten. Frühlingszwiebeln waschen und in Ringe schneiden.

2. Nudeln nach Packungsanweisung in Salzwasser garen. Pilze mit Essig, Milch und Brühe ablöschen, Frühlingszwiebelringe dazugeben und 2–3 Minuten dünsten.

3. Sauce mit Schmand verfeinern und mit Salz und Pfeffer abschmecken. Nudeln abgießen. Capellini mit Austernpilzsauce servieren.

Hummus mit Gemüsesticks

6 SmartPoints Wert

Für 4 Personen
Fertig in: 20 Min.
Davon aktiv: 20 Min.
To Go
375 kcal | 1569 kJ

1 Dose Kichererbsen (265 g Abtropfgewicht)
1/2 unbehandelte Zitrone
2 Stängel Petersilie
2 TL Sesamöl
100 g Frischkäse, bis 1 % Fett absolut
1 TL Kreuzkümmel
Salz, Pfeffer
4 Mini-Naan-Brote
3 Karotten
je 1 rote und gelbe Paprika
1 Salatgurke

1. Kichererbsen abspülen und abtropfen lassen. 1 Msp. Zitronenschale abreiben und Zitronenhälfte auspressen. Petersilie waschen, trocken schütteln und hacken.

2. Für den Hummus Kichererbsen mit Öl und Zitronensaft pürieren. Kichererbsenpüree mit Frischkäse verrühren, mit Petersilie, Zitronenschale und Kreuzkümmel verfeinern und mit Salz und Pfeffer abschmecken.

3. Brote nach Packungsanweisung erwärmen. Karotten schälen, Paprika und Gurke waschen. Paprika entkernen und mit Gurke und Karotten in Stifte schneiden. Hummus mit Gemüsesticks und Brot servieren.

Wenn du kein Sesamöl bekommst, bereite deinen Hummus mit 2 TL Erdnuss- oder Olivenöl zu. Der SmartPoints Wert bleibt gleich.

Schweineschnitzel

mit Olivensalsa und Zucchinireis

11 SmartPoints Wert

Für 2 Personen
Fertig in: 20 Min.
Davon aktiv: 15 Min.
To Go
522 kcal | 2185 kJ

- 10 entsteinte schwarze Oliven in Lake
- 1 Tomate
- 2 EL gehacktes Basilikum
- Salz, Pfeffer
- 2 Zucchini
- 1 Schalotte
- 2 Schweineschnitzel (à 150 g)
- 2 TL Rapsöl
- 1/2 TL Paprikapulver
- 1 TL Zitronensaft
- 3 EL Gemüsebrühe (1/4 TL Instantpulver)
- 2 TL Schmand
- 1 Packung Langkorn-Express-Reis (250 g)

1. Oliven hacken. Tomate waschen und in kleine Würfel schneiden. Für die Salsa Oliven mit Tomatenwürfeln und Basilikum vermischen und mit Salz und Pfeffer abschmecken.

2. Zucchini waschen, Schalotte schälen und beides fein würfeln. Schweineschnitzel trocken tupfen. 1 TL Öl in einer Pfanne auf mittlerer bis hoher Stufe erhitzen, Schweineschnitzel darin 4–5 Minuten von jeder Seite braten und mit Salz, Pfeffer und Paprikapulver würzen.

3. Restliches Öl in einer Pfanne auf mittlerer Stufe erhitzen, Zucchini- und Schalottenwürfel darin 5–6 Minuten braten, mit Zitronensaft und Brühe ablöschen und mit Schmand verfeinern. Reis unterheben, 2–3 Minuten erwärmen und mit Salz und Pfeffer abschmecken. Schweineschnitzel mit Olivensalsa und Zucchinireis servieren.

VIDEO

Schritt für Schritt kochen

Schweinefilet

mit Haselnusskruste und gedünstetem Blattspinat

11 SmartPoints Wert

Für 2 Personen
Fertig in: 45 Min.
Davon aktiv: 35 Min.
Familie
525 kcal | 2198 kJ

1 kleine Scheibe Vollkorntoast
1 EL gemahlene Haselnüsse
1 EL Halbfettmargarine
2 EL gehackte Petersilie
Salz, grob gemahlener Pfeffer
320 g Schweinefilet
2 TL Rapsöl
600 g Blattspinat (frisch oder TK)
1 Zwiebel
1 Msp. geriebene Muskatnuss
90 g trockener Couscous

1. Für die Kruste Toast in Stücke schneiden und mit Haselnüssen und Margarine pürieren. Petersilie mit Salz und Pfeffer unter die Haselnussmasse rühren. Backofen auf 200° C (Gas: Stufe 3, Umluft: 180° C) vorheizen.

2. Schweinefilet trocken tupfen. 1 TL Öl in einer Pfanne auf mittlerer bis hoher Stufe erhitzen, Schweinefilet darin ca. 5 Minuten rundherum anbraten, mit Salz und Pfeffer würzen und in eine Auflaufform (ca. 20 x 30 cm) setzen.

3. Haselnussmasse auf dem Filet verteilen und im Backofen auf mittlerer Schiene 18–20 Minuten garen. Spinat waschen, trocken schleudern und grob hacken. TK-Spinat gegebenenfalls auftauen lassen. Zwiebel schälen und würfeln.

4. Restliches Öl im Bratensatz auf mittlerer Stufe erhitzen und Zwiebelwürfel darin ca. 4 Minuten andünsten. Spinat zufügen, ca. 5 Minuten dünsten und mit Salz, Pfeffer und Muskatnuss abschmecken. Couscous nach Packungsanweisung in Salzwasser garen. Schweinefilet mit Haselnusskruste, gedünstetem Blattspinat und Couscous servieren.

Süßkartoffeltartes

mit Paprika

5 SmartPoints Wert

Für 8 Stück
Fertig in: 70 Min.
Davon aktiv: 40 Min.
Vegetarisch | Familie | To Go
187 kcal | 783 kJ

- 100 g Kartoffeln
- 200 g Süßkartoffeln
- Salz, Pfeffer
- je 1 rote und gelbe Paprika
- 60 g trockener Hartweizengrieß
- 100 g Mehl
- 1 Eigelb (Größe M)
- 100 g Schafskäse, 25 % Fett i. Tr.
- 150 g saure Sahne
- 1/2 TL Paprikapulver
- 1 Bund glatte Petersilie
- 1 Bund Basilikum
- 1 Knoblauchzehe
- 2 EL Zitronensaft
- 4 EL Gemüsebrühe (1/4 TL Instantpulver)
- 2 TL Rapsöl

1. Kartoffeln und Süßkartoffeln schälen und in Salzwasser ca. 20 Minuten garen. Paprika waschen, entkernen und in Streifen schneiden. Backofen auf 180° C (Gas: Stufe 2, Umluft: 160° C) vorheizen. Kartoffeln und Süßkartoffeln abgießen, ausdampfen lassen und durch eine Kartoffelpresse drücken.

2. Kartoffelmasse mit 50 g Grieß, Mehl, Eigelb und 1 TL Salz zu einem Teig verkneten. Teig in 8 Portionen teilen und jeweils zwischen Frischhaltefolie rund ausrollen. 8 Mini-Tarte-Förmchen (Ø 8 cm) mit restlichem Grieß ausstreuen, mit Süßkartoffelteig auskleiden und im Backofen auf mittlerer Schiene ca. 15 Minuten vorbacken.

3. Schafskäse zerbröseln, mit saurer Sahne und Paprikapulver verrühren, mit Salz und Pfeffer abschmecken und Böden damit bestreichen.

4. Paprikastreifen sternförmig auf der Creme auslegen und im Backofen auf mittlerer Schiene weitere ca. 15 Minuten backen.

5. Für das Pesto Petersilie und Basilikum waschen und trocken schütteln. Knoblauch pressen, mit Kräutern, Zitronensaft, Brühe und Öl pürieren und mit Salz und Pfeffer abschmecken. Kleine Süßkartoffeltartes auskühlen lassen und mit Pesto servieren.

Wokgemüse

mit Steakstreifen und Eiernudeln

11 SmartPoints Wert

Für 4 Personen
Fertig in: 30 Min.
Davon aktiv: 20 Min.
Schnell | To Go
526 kcal | 2202 kJ

1 Stück Ingwer (ca. 3 cm)
1 Knoblauchzehe
4 EL Sojasauce
1 Prise Chiliflocken
450 g Rumpsteak
je 1 rote und gelbe Paprika
250 g Weißkohl
1 Bund Frühlingszwiebeln
175 g Maiskölbchen (Glas)
250 g Sojasprossen
1 Stängel Koriander
250 g trockene asiatische Eiernudeln (alternativ Mie-Nudeln)
Salz, Pfeffer
1 EL Sesam
1 EL Sesamöl
3 EL Wasser

1. Für die Marinade Ingwer schälen, mit Knoblauch hacken und mit Sojasauce und Chiliflocken mischen. Steak trocken tupfen und in Streifen schneiden.

2. Marinade und Fleisch in einen Gefrierbeutel geben, gut verkneten und ca. 20 Minuten marinieren. Paprika waschen, entkernen und in Streifen schneiden. Weißkohl putzen, Strunk entfernen und Kohl in Streifen schneiden. Frühlingszwiebeln waschen und in Stücke schneiden. Mais abtropfen lassen und längs halbieren. Sojasprossen waschen und abtropfen lassen. Koriander waschen, trocken schütteln und hacken.

3. Nudeln nach Packungsanweisung in Salzwasser garen und abgießen. Sesam fettfrei in einem Wok auf mittlerer Stufe rösten und herausnehmen.

4. Öl im Wok auf hoher Stufe erhitzen. Steakstreifen abtropfen lassen und Marinade dabei auffangen. Steakstreifen im Wok 4–5 Minuten rundherum braten, herausnehmen und warm stellen. Maiskölbchen mit Paprika- und Kohlstreifen im Bratensatz ca. 1 Minute anbraten. Frühlingszwiebelstücke und Sojasprossen dazugeben und weitere ca. 2 Minuten mitbraten.

5. Steakstreifen und Marinade dazugeben, mit Wasser ablöschen und mit Nudeln mischen. Wokgemüse mit Steakstreifen und Eiernudeln mit Koriander und Sesam bestreuen und servieren.

PYREX
PYREX

Buchweizen-Crêpes

nach bretonischer Art

11 SmartPoints Wert

Für 4 Personen
Fertig in: 35 Min.
Davon aktiv: 10 Min.
Familie
402 kcal | 1681 kJ

- 75 g Buchweizenmehl
- 75 g Weizenmehl
- 1 Prise Salz
- 2 Eier (Größe M)
- 250 ml fettarme Milch
- 150 ml kaltes Wasser
- 2 TL Rapsöl
- 8 Handvoll Baby-Blattspinat
- 8 Scheiben gekochter Schinken
- 120 g geriebener Greyerzer, 45 % Fett i. Tr.

1. Mehle mit Salz in eine Rührschüssel sieben und in der Mitte eine Mulde formen.

2. Eier, Milch und Wasser gut verquirlen, nach und nach in die Mulde gießen und Mehl mit Flüssigkeit verrühren, bis ein glatter Teig entsteht.

3. Öl portionsweise in einer Brat- oder Crêpepfanne (Ø 30 cm) auf hoher Stufe erhitzen und darin nacheinander 8 Crêpes backen, dabei 1–2 Minuten von jeder Seite braten und warm stellen.

4. Spinat waschen und trocken schleudern. Zum Füllen die Crêpes nacheinander auf niedriger Stufe in die Pfanne legen, mit je einer Scheibe gekochtem Schinken und einer Handvoll Spinat belegen, etwas Käse darüber streuen und ca. 5 Minuten leicht schmelzen lassen. Mit Salz und Pfeffer würzen. Die Seiten des Crêpes falten und Buchweizen-Crêpes nach bretonischer Art sofort servieren.

Garnelenspieße

mit Glasnudelsalat

8 SmartPoints Wert

Für 4 Personen
Fertig in: 60 Min.
Davon aktiv: 20 Min.
To Go
403 kcal | 1688 kJ

- 400 g küchenfertige Garnelen
- 1 Stück Ingwer (ca. 2 cm)
- 4 EL Sojasauce
- 1 TL Sesamöl
- 200 g trockene breite Glasnudeln
- Salz, Pfeffer
- 1 Zwiebel
- 1 kleine rote Chilischote
- 2 Karotten
- 2 Zucchini
- 150 ml Gemüsebrühe (1/2 TL Instantpulver)
- 1 EL Weißweinessig
- 2 EL süße Asia-Chilisauce
- 2 EL Fischsauce
- 1 EL gehackter Koriander
- 2 EL geröstete Erdnüsse

1. Garnelen abspülen, trocken tupfen und auf 8 Holzspieße stecken. Ingwer schälen, fein hacken und 1/2 TL zur Seite stellen. Restlichen Ingwer mit Sojasauce und Öl verrühren, mit Garnelenspießen in einen Gefrierbeutel geben und im Kühlschrank ca. 30 Minuten marinieren.

2. Nudeln nach Packungsanweisung in Salzwasser garen. Zwiebel schälen und würfeln. Chilischote waschen, entkernen und in Ringe schneiden. Karotten schälen, Zucchini waschen und beides in sehr feine Streifen schneiden.

3. Nudeln abgießen und mit Zwiebelwürfeln, Karotten- und Zucchinistreifen mischen. Für das Dressing Brühe mit Essig, Chili- und Fischsauce verrühren. Mit Salz und Pfeffer würzen, mit restlichem Ingwer und Koriander verfeinern und mit Salat mischen.

4. Garnelenspieße fettfrei in einer Pfanne auf mittlerer bis hoher Stufe 3–4 Minuten von jeder Seite braten. Erdnüsse hacken und Salat damit bestreuen. Garnelenspieße mit Glasnudelsalat servieren.

Pochierter Schellfisch

mit Senfsauce

2 SmartPoints Wert

Für 4 Personen
Fertig in: 35 Min.
Davon aktiv: 10 Min.
Familie
243 kcal | 1015 kJ

1 Zwiebel
8 Gewürznelken
1 Karotte
1 Stange Staudensellerie
1/2 kleines Bund frische krause Petersilie
1 Lorbeerblatt
4–5 ganze Pfefferkörner
700 ml Fischfond
400 g festkochende Kartoffeln
Salz, Pfeffer
300 g grüne Bohnen
4 Schellfischfilets (à 150 g) ohne Haut
2 EL Senf

1. Zwiebel schälen und diese mit den Gewürznelken spicken. Karotte schälen und in Scheiben schneiden. Sellerie waschen und in Stücke schneiden. Petersilie waschen, trocken schütteln und Stiele und Zweige trennen. Petersilienzweige fein hacken und beiseitestellen.

2. Fischfond mit Karottenscheiben, Selleriestücken, Zwiebel, Petersilienstielen, Lorbeerblatt und Pfefferkörnern in einer Pfanne auf hoher Stufe erhitzen und ca. 15 Minuten köcheln lassen.

3. Kartoffeln schälen, halbieren und in Salzwasser ca. 15 Minuten garen. Bohnen waschen und ca. 4 Minuten vor Ende der Garzeit dazugeben. Schellfischfilets abspülen, trocken tupfen, in die Brühe geben und auf niedriger Stufe 6–8 Minuten gar ziehen lassen. Schellfisch vorsichtig herausnehmen und warm stellen.

4. Die Hälfte der Brühe auffangen und mit Karottenscheiben und Selleriestücken pürieren. Senf unterrühren und mit Salz und Pfeffer abschmecken.

5. Kartoffelhälften und Bohnen abgießen. Pochierten Schellfisch mit Petersilie bestreuen und mit Kartoffeln, Bohnen und Senfsauce servieren.

Do-it-yourself

Du kannst die Haut beim Fischfilet auch selbst entfernen. Halte das Ende des Filets fest und entferne mit einem dünnen, scharfen Messer die Fischhaut. Mach zur Sicherheit auch noch den Gräten-Check. Einmal mit den Fingern vorsichtig über die Fischoberfläche streichen, ob dich was piekst. Gräten dann mit einer Pinzette entfernen.

Provenzalischer Braten

von der Pute mit Estragontomaten

8 SmartPoints Wert

Für 4 Personen
Fertig in: 80 Min.
Davon aktiv: 30 Min.
Familie
584 kcal | 2445 kJ

1/2 unbehandelte Zitrone
4 Stängel Thymian
3 Stängel Rosmarin
2 Stängel Salbei
1 Knoblauchzehe
2 TL gehackter Oregano
Salz, Pfeffer
1 kg Putenbrustfilet
1 EL Olivenöl
1 kg Cocktailtomaten
3 EL gehackter Estragon
2 TL Honig
75 ml Gemüsebrühe
(1/2 TL Instantpulver)
1,2 kg festkochende
Kartoffeln

1. Für die Marinade 2 Msp. Zitronenschale abreiben und Zitronenhälfte auspressen. Thymian, Rosmarin und Salbei waschen, trocken schütteln und hacken. Knoblauch pressen und mit Zitronensaft, -schale, Oregano, Thymian, Rosmarin, Salbei, Salz und Pfeffer verrühren.

2. Putenbrustfilet abspülen und trocken tupfen. Öl in einer Pfanne auf mittlerer bis hoher Stufe erhitzen und Putenbrustfilet darin 10–12 Minuten von jeder Seite braten.

3. Backofen auf 200° C (Gas: Stufe 3, Umluft: 180° C) vorheizen. Tomaten waschen. Putenbrustfilet in eine Auflaufform (ca. 20 x 30 cm) setzen und mit der Marinade bestreichen.

4. Tomaten rundherum verteilen. Tomaten mit Estragon bestreuen, mit Honig beträufeln und Brühe angießen.

5. Putenbraten mit Alufolie bedeckt im Backofen auf mittlerer Schiene ca. 40 Minuten garen. Kartoffeln schälen und in Salzwasser ca. 20 Minuten garen. Alufolie entfernen und Braten im Backofen weitere ca. 20 Minuten garen. Braten herausnehmen und Tomaten mit Salz und Pfeffer abschmecken. Kartoffeln abgießen und mit Estragontomaten zum provenzalischen Braten servieren.

MIN
MAX

Kürbis-Spinat-Curry

mit gelbem Reis

10 SmartPoints Wert

Für 2 Personen
Fertig in: 45 Min.
Davon aktiv: 15 Min.
Vegetarisch
439 kcal | 1835 kJ

1 Zwiebel
550 g Butternutkürbis
2 TL Rapsöl
Salz, Pfeffer
200 ml Wasser
1 EL indische Curry-Würzpaste
400 g stückige Tomaten (Konserve)
1 kleine Zimtstange
3 Kardamomkapseln
1 TL Kurkuma
100 g trockener Basmatireis
300 ml Gemüsebrühe (1 1/2 TL Instantpulver)
20 g Cashewnüsse
200 g Blattspinat

1. Zwiebel schälen und in Ringe schneiden. Butternutkürbis halbieren und Kerne mit einem Löffel herauskratzen. Kürbis schälen und in Stücke schneiden.

2. Öl in einem Topf auf mittlerer Stufe erhitzen, Zwiebelringe darin ca. 5 Minuten anbraten und mit Salz und Pfeffer würzen. Kürbisstücke mit 1 EL Wasser dazugeben und unter gelegentlichem Rühren 5–8 Minuten auf niedriger Stufe garen. Currypaste unterrühren, mit Tomaten und Wasser ablöschen, aufkochen lassen und ca. 10 Minuten weitergaren.

3. Zimtstange, Kardamom und Kurkuma fettfrei in einem Topf auf mittlerer Stufe ca. 1 Minute rösten. Reis zufügen, kurz mitrösten, mit Brühe ablöschen und nach Packungsanweisung garen.

4. Cashewnüsse grob hacken und fettfrei in einer Pfanne auf mittlerer Stufe 2–3 Minuten rösten. Spinat waschen, trocken schleudern, unter das Curry rühren und ca. 2 Minuten mitgaren. Kürbis-Spinat-Curry mit Cashewnüssen bestreuen und mit Reis servieren.

Kartoffelklöße

mit Pilzsauce

9 SmartPoints Wert

Für 4 Personen
Fertig in: 75 Min.
Davon aktiv: 40 Min.
Vegetarisch
412 kcal | 1724 kJ

1 kg mehligkochende Kartoffeln
Salz, Pfeffer
1 Ei (Größe M)
70 g Kartoffelstärke
3 EL Mehl
1 Prise geriebene Muskatnuss
800 g grüne Bohnen
1 TL getrocknetes Bohnenkraut
1 Zwiebel
500 g Champignons
1 TL Olivenöl
125 ml Gemüsebrühe (1/2 TL Instantpulver)
100 ml Cremefine zum Kochen, 7 % Fett
2 EL gehackte Petersilie

1. Kartoffeln schälen und 650 g ca. 25 Minuten in Salzwasser garen. Kartoffeln abgießen, ausdampfen lassen und durch eine Kartoffelpresse drücken.

2. Restliche rohe Kartoffeln fein reiben und trocken tupfen. Rohe und gegarte Kartoffeln mit Ei, Stärke, Mehl, 1 TL Salz und Muskatnuss vermischen und zu Klößen formen. Klöße in kochendem Salzwasser 25–30 Minuten garen, bis sie an der Wasseroberfläche schwimmen.

3. Bohnen waschen und mit Bohnenkraut in Salzwasser auf mittlerer Stufe ca. 15 Minuten garen. Zwiebel schälen und würfeln. Champignons trocken abreiben und in Scheiben schneiden.

4. Öl in einer Pfanne auf mittlerer bis hoher Stufe erhitzen und Zwiebelwürfel darin ca. 1 Minute glasig dünsten. Champignonscheiben zufügen, weitere ca. 3 Minuten dünsten und mit Brühe ablöschen. Cremefine dazugeben, ca. 2 Minuten köcheln lassen, mit Salz und Pfeffer würzen und Petersilie unterrühren.

5. Bohnen abgießen und mit Salz und Pfeffer abschmecken. Klöße mit einer Schaumkelle herausheben, abtropfen lassen und Kartoffelklöße mit Pilzsauce und grünen Bohnen servieren.

Schnitzel Wiener Art

5 SmartPoints Wert

Für 4 Personen
Fertig in: 20 Min.
Davon aktiv: 20 Min.
Familie
263 kcal | 1102 kJ

4 Schweineschnitzel (à 120 g)
Salz, Pfeffer
1 EL Mehl
1 Ei (Größe M)
3 EL Paniermehl
2 EL Rapsöl

1. Schnitzel trocken tupfen, flacher klopfen und mit Salz und Pfeffer würzen. Mehl in einen tiefen Teller geben und Schnitzel darin wenden.

2. Ei in einem weiteren tiefen Teller verquirlen, mit Salz und Pfeffer würzen und Schnitzel in der Eiermischung wenden.

3. Paniermehl auf einem dritten tiefen Teller verteilen und Schnitzel ebenfalls darin wenden.

4. Öl portionsweise in einer Pfanne auf hoher Stufe erhitzen und Schnitzel darin nacheinander 4–5 Minuten von jeder Seite braten. Schnitzel Wiener Art servieren.

Der Klassiker

Serviere dazu Kartoffel- oder Gurkensalat.

Avocadowrap
mit pikanten Putenbruststreifen

10 SmartPoints Wert

Für 1 Person
Fertig in: 20 Min.
Davon aktiv: 20 Min.
Schnell | To Go
534 kcal | 2233 kJ

120 g Putenbrustfilet
1 TL Paprikamark (ersatzweise Tomatenmark)
1/2 TL geräuchertes Paprikapulver
1 Msp. Chilipulver
Salz, Pfeffer
1 EL Gemüsebrühe (1 Prise Instantpulver)
1 TL Sesamöl
1/2 unbehandelte Limette
75 g Frischkäse, bis 1 % Fett absolut
1 Tomate
1 Karotte
50 g Avocadofruchtfleisch
1 kleiner Tortilla Wrap
1 EL gehackte Petersilie

1. Putenbrustfilet abspülen, trocken tupfen und in Streifen schneiden. Für die Marinade Paprikamark, geräuchertes Paprikapulver, Chilipulver, Salz, Brühe und Öl verrühren und mit Putenbruststreifen vermengen. Eine Pfanne auf hoher Stufe erhitzen, Putenbruststreifen darin 5–6 Minuten rundherum braten und herausnehmen.

2. Für die Creme 1/2 TL Limettenschale abreiben und 1 TL Limettensaft auspressen. Limettenschale und -saft mit Frischkäse verrühren und mit Salz und Pfeffer abschmecken. Tomate waschen und in dünne Spalten schneiden. Karotte schälen und in schmale Streifen schneiden. Avocadofruchtfleisch würfeln. Tortilla Wrap nach Packungsanweisung erwärmen und mit Creme bestreichen.

3. Mit Avocadowürfeln, Tomatenspalten, Karottenstreifen, Petersilie und Putenbruststreifen belegen. Avocadowrap aufrollen und servieren.

Tomaten-Gemüse-Suppe

1 SmartPoints Wert

Für 4 Personen
Fertig in: 80 Min.
Davon aktiv: 20 Min.
Vegan | Familie | Einfrieren
129 kcal | 541 kJ

3 Stangen Staudensellerie
2 Karotten
1 Pastinake
1 Zwiebel
2 Knoblauchzehen
1 kg Tomaten
1 Stängel Salbei
1 EL Olivenöl
1 EL Tomatenmark
750 ml Gemüsebrühe
(3 TL Instantpulver)

1. Sellerie waschen und fein würfeln. Karotten, Pastinake und Zwiebel schälen und fein würfeln. Knoblauch hacken. Tomaten waschen und in Stücke schneiden. Salbei waschen, trocken schütteln und bis auf einige Blätter hacken.

2. Öl in einem Topf auf mittlerer Stufe erhitzen und Knoblauch mit gehacktem Salbei, Sellerie-, Karotten,- Pastinaken- und Zwiebelwürfeln darin ca. 5 Minuten anbraten.

3. Tomatenstücke und Tomatenmark dazugeben und auf niedriger Stufe ca. 15 Minuten garen, dabei gelegentlich umrühren.

4. Brühe zufügen und ca. 30 Minuten köcheln lassen. Die Hälfte der Suppe pürieren und mit restlicher Suppe verrühren. Tomaten-Gemüse-Suppe mit restlichen Salbeiblättern garniert servieren.

Für mehr italienisches Flair brate 1 TL gehacktes Basilikum mit den Zwiebeln an und garniere die fertige Suppe mit 2 EL gehacktem Basilikum und 2 TL Balsamicoessig. Reiche dazu 150 g warme Ciabattascheiben. Der SmartPoints Wert erhöht sich auf 4.

Schollenröllchen

mit Kräuterreis

8 SmartPoints Wert

Für 4 Personen
Fertig in: 40 Min.
Davon aktiv: 30 Min.
384 kcal | 1608 kJ

1/2 unbehandelte Zitrone
2 EL Schmand
1 TL Honig
1 TL gehackter Dill
Salz, Pfeffer
4 Schollenfilets (à 125 g)
1 Schalotte
180 g trockener Langkornreis
2 TL Rapsöl
250 ml entrahmte Milch
200 ml Gemüsebrühe (1 TL Instantpulver)
2 TL Mehl
1 EL Senf
1 Prise Kurkuma
1 Eisbergsalat
1 rote Paprika
1 Becher Weight Watchers Frisches French Dressing mit Dijonsenf
1 EL gemischte gehackte Kräuter

1. 1/2 TL Zitronenschale abreiben und Zitronenhälfte auspressen. Für die Creme Schmand mit Zitronenschale, 1 TL Zitronensaft, Honig und Dill verrühren und mit Salz und Pfeffer würzen. Schollenfilets abspülen, trocken tupfen und längs halbieren. Mit Creme bestreichen, aufrollen und mit Holzspießen fixieren.

2. Schalotte schälen und würfeln. Reis nach Packungsanweisung in Salzwasser garen. Öl in einem Topf auf mittlerer Stufe erhitzen, Schalottenwürfel darin ca. 3 Minuten andünsten und mit 200 ml Milch und Brühe ablöschen. Mehl mit restlicher Milch verrühren und zur Sauce geben. Mit Senf, Kurkuma und restlichem Zitronensaft verfeinern, ca. 3 Minuten köcheln lassen und mit Salz und Pfeffer abschmecken.

3. Schollenröllchen in die Senfsauce geben und mit Deckel 10–12 Minuten darin gar ziehen lassen. Salat waschen, trocken schleudern und in mundgerechte Stücke zerteilen. Paprika waschen, entkernen und in feine Streifen schneiden. Salat mit Paprikastreifen und Dressing mischen. Reis mit den Kräutern vermischen. Schollenröllchen mit Kräuterreis, Senfsauce und Salat servieren.

Schweineinvoltini

mit Salbei und Gnocchi

11 SmartPoints Wert

Für 2 Personen
Fertig in: 45 Min.
Davon aktiv: 30 Min.
559 kcal | 2340 kJ

4 getrocknete Tomaten ohne Öl
175 ml heiße Gemüsebrühe (1 TL Instantpulver)
4 Blätter Salbei
1 Scheibe Parmaschinken
300 g Cocktailtomaten
1 Dose Artischockenherzen in Lake (210 g Abtropfgewicht)
1 TL Kapern
Salz, Pfeffer
2 Schweineschnitzel (à 120 g)
1 TL Rapsöl
350 g Gnocchi (Frischprodukt)

1. Getrocknete Tomaten ca. 10 Minuten in 75 ml Brühe einweichen. Salbei waschen, trocken schütteln und mit Schinken in Streifen schneiden.

2. Cocktailtomaten waschen und halbieren. Artischockenherzen abtropfen lassen und vierteln. Für die Creme getrocknete Tomaten samt Sud mit Kapern pürieren und mit Salz und Pfeffer abschmecken. Für die Involtini Schnitzel trocken tupfen, gegebenenfalls flacher klopfen und mit Tomatencreme bestreichen. Schinken- und Salbeistreifen darauf verteilen, aufrollen und mit Spießen fixieren.

3. Öl in einer Pfanne auf mittlerer bis hoher Stufe erhitzen und Involtini darin ca. 5 Minuten rundherum anbraten. Tomatenhälften und Artischockenstücke dazugeben, mit restlicher Brühe ablöschen und mit Deckel ca. 15 Minuten garen, dabei Involtini zwischendurch einmal wenden.

4. Gnocchi nach Packungsanweisung in Salzwasser garen. Involtini aus der Sauce nehmen und Sauce mit Salz und Pfeffer abschmecken. Schweineinvoltini mit Salbei und Gnocchi servieren.

Apfel-Rosenkuchen

mit Vanillecreme

5 SmartPoints Wert

Für 12 Stücke
Fertig in: 75 Min.
Davon aktiv: 40 Min.
Vegetarisch | Familie
179 kcal | 747 kJ

200 g Mehl
1 TL Backpulver
125 ml entrahmte Milch
60 g Halbfettmargarine
100 g Zucker
1 Vanilleschote
2 Eier (Größe M)
1 Packung Vanillepudding-pulver
300 g Magerquark
2 rotschalige Äpfel (z. B. Red Delicious)
1 EL Puderzucker
1 TL Zimt

1. Mehl mit Backpulver, 50 ml Milch, Margarine und 50 g Zucker zu einem glatten Teig verkneten. Teig zwischen Frischhaltefolie rund ausrollen.

2. Eine mit Backpapier ausgelegte Springform (Ø 26 cm) damit auskleiden, dabei einen ca. 2 cm hohen Rand formen. Für die Creme Vanilleschote längs aufschneiden und das Mark herauskratzen. Eier mit restlichem Zucker, Vanillemark und Puddingpulver schaumig schlagen. Quark und restliche Milch unterrühren. Creme auf dem Teig verteilen.

3. Äpfel waschen, vierteln, entkernen und in sehr feine Scheiben hobeln. 2 EL Wasser in einem Topf erhitzen und Apfelscheiben darin portionsweise ca. 2 Minuten dünsten.

4. Backofen auf 160° C (Gas: Stufe 1, Umluft: 140° C) vorheizen. Eine Apfelscheibe zusammenrollen, mit weiteren Apfelscheiben umwickeln und fertige Apfelrose in die Creme setzen.

5. Vorgang wiederholen, bis alle Apfelscheiben verbraucht sind. Kuchen im Backofen auf mittlerer Schiene 30–35 Minuten backen. Puderzucker mit Zimt vermischen, Apfel-Rosenkuchen damit bestäuben und servieren.

Auf einen Blick

Lust auf ...

... Ei?

... etwas Besonderes?

... Fisch & Meeresfrüchte?

... Fleisch & Geflügel?

... Low Carb?

... Ofengerichte?

... Pfannengerichte?

… Salat?

… Suppe?

… Süßes?

… Vegan?

…Vegetarisch?

Impressum

Redaktion
Weight Watchers Deutschland
Claudia Braun, Valerie Altmann

Realisierung
Food Professionals Köhnen GmbH, Sprockhövel
Projektleitung Silke Höpker
Rezepte Nathalie Kirsch, Ingrid Schmand
Versuchsküche Judith Balks, Dennis Webers

Fotografie
Klaus Arras, Michael Bernhardi, Florian Bonanni, Carsten Eichner, Tobias Pankrath,
Dirk Przibylla, Hubertus Schüler, Stefan Schulte-Ladbeck, Weight Watchers International

Bildnachweise
Thinkstock Rückseite,
Niehaus Knüwer and friends GmbH Werbeagentur, Düsseldorf,
S. 6, 14, 100, 126, 155

Foodstyling
Myriam Banderob, Ingo Breuer, Katja Briol, Marc Fleischer, Sylvia Hartmann, Maren Jahnke,
Thomas Lauterbach, Christoph Maurer, Stefan Mungenast, Jörg Schmitz, Christa Schraa,
Weight Watchers International

Gestaltungskonzept und Grafik
Niehaus Knüwer and friends GmbH Werbeagentur, Düsseldorf
Food Professionals Köhnen GmbH, Sprockhövel

Druck
paffrath print & medien GmbH, Remscheid

Weight Watchers (Deutschland) GmbH
www.weightwatchers.de
Info-Hotline 01802 - 2345 64*
ISBN 978-3-9817908-9-4

1. Auflage 2017

*0,06 €/Anruf aus dem Festnetz, Mobilfunk höchstens 0,42 €/Minute.

PEFC zertifiziert. Dieses Papier stammt aus nachhaltig bewirtschafteten Wäldern und kontrollierten Quellen.
www.pefc.de